99x SÜDTIROL

wie Sie es noch nicht kennen

Handverlesen von
Herbert Taschler und Udo Bernhart

BRUCKMANN

Inhalt

Bozen und Umgebung

Von Bozen nach Salurn – Überetsch/Unterland

Von Bozen nach Meran – Etschtal/Meran

Von Meran zum Reschenpass – Vinschgau

Vorwort

Südtirol – mediterranes Lebensgefühl mit Alpenblick. Hier leben 520 000 Menschen – gerade mal so viele wie in einer mittelgroßen deutschen Stadt. 69,4 Prozent gehören der deutschen Sprachgruppe an, 26,1 Prozent der italienischen und 4,5 Prozent der ladinischen.

60 Prozent der Fläche Südtirols liegen über 1600 Meter Meereshöhe, 40 Prozent des Landes stehen unter Naturschutz. 350 Berggipfel sind höher als 3000 Meter.

Jeder zehnte Apfel in Europa wächst in Südtirol, in Italien ist es jeder zweite. Südtirols Weine genießen weit über die Grenzen des Landes hinaus einen ausgezeichneten Ruf – von der alpin-mediterranen Küchentradition dieses Landstrichs ganz zu schweigen. 380 Kilometer Radwege, 1200 Kilometer Skipisten, 800 Burgen, Schlösser und Ansitze, 300 Sonnentage im Jahr – es ist nicht übertrieben: Südtirol hat jedem etwas zu bieten.

Die Vielfalt des Landes ist nahezu grenzenlos. Dazu gehören Vernatsch & Palabirn, Zigainerkraut & Graukäse, Baumhäuser & Krampusläufe, Latschenbad und Knottenkino, Felsenkeller und WineFestival.

Das bekannte Südtirol der Postkartenmotive von den Drei Zinnen zum Kalterer See, vom Bozner Obstmarkt bis zur Seiser Alm finden Sie in jedem Reiseprospekt. *99 x Südtirol* lädt Sie auf eine Entdeckungsreise in das etwas andere Südtirol ein: in das versteckte und das kulinarische Südtirol, mit kleinen Perlen der Kunst- und Kulturszene, mit altem Brauchtum, innovativen Projekten und außergewöhnlichen Geschichten. Ein Reiseführer für alle, die in Südtirol mehr sehen, erleben und genießen wollen.

Viel Freude und Genuss auf Ihrer Entdeckungsreise wünscht
Herbert Taschler

01 Ein Zwischenstopp am Brenner

In der ehemaligen Zollstation am Brennerpass befindet sich seit 2013 das Plessi-Museum, ein innovatives Bauwerk mit Museum, Kongresszentrum und Autobahnrestaurant. In einer Dauerausstellung werden die Kunstwerke von Fabrizio Plessi, einem der bekanntesten italienischen Künstler, gezeigt.

Im Normalfall rauscht jeder auf der Autobahn daran vorbei Richtung Süden. Kaum jemand hält heute noch am Brenner. Allzu unwirtlich und kalt präsentiert sich Europas wichtigster Nord-Süd-Alpenübergang häufig. Dekadent und etwas verfallen wirkt das Grenzdorf, das seit dem Inkrafttreten des Schengener Abkommens am 1. Januar 1995 seine Aufgaben verloren hat.

Das vom Ingenieur Carlo Costa entworfene Gebäude und von der Brennerautobahn verwirklichte Projekt setzt neue Akzente in der Gegend. Es ist das erste Museumsgelände entlang der italienischen Autobahnen. Das Plessi-Museum erstreckt sich über eine Fläche von etwa 13 000 Quadratmeter und gleicht der Form nach einer Vitrine aus Kristall, überragt von einer großflächigen Abdeckung, für Carlo Costa »ein Gesamtraum aus Tönen und Bildern, eine überdachte Piazza, eine moderne Agora der Sinne, die den Genuss der Werke von Fabrizio Plessi zu einer sowohl ästhetischen als auch sozialen und ökologischen Erfahrung werden lässt«.

▶ Outlet Center Brenner, das einzige in Südtirol, mit 60 internationalen Marken und starken Angeboten zu Outletpreisen. Tgl. 10–19 Uhr, St.-Valentin-Straße 9/A, 39041 Brenner, Tel. 04 72/63 67 00, www.outletcenterbrenner.com

Ausgestellt werden Videos, Zeichnungen und Installationen von Plessi sowie die große, begehbare Installation, die der Künstler im Jahr 2000 als grenzüberschreitendes Projekt der Europaregion Tirol für die Expo Hannover geschaffen hat: Die Skulptur vereint eine Darstellung der drei Regionen Trentino, Südtirol und Tirol und ist wie eine künstliche Berglandschaft konzipiert: eine Alpenlandschaft, die man durchqueren und von innen heraus technologisch erleben kann.

Plessi-Museum · Brennerpass · direkt an der Autobahn · tgl. 6–22 Uhr geöffnet
www.autobrennero.it

Plessi-Museum am Brenner: ein Symbol der Verbindung zwischen dem Mittelmeerraum und Mitteleuropa

Burkhard Bacher lädt zu Lammkarree mit Safran-Joghurt, Schüttelbrot-Krokant und Sultaninen ein.

Ein origineller, innovativer »Asiate«

02

Die Kleine Flamme unter den Sterzinger Lauben ist ein Reich der Aromen und Gewürze. Haubenkoch Burkhard Bacher entführt mit originellen Gerichten ins Reich seiner asiatisch geprägten »italo-thai«-Küche und vereinigt die verschiedenen Einflüsse zu kulinarischen Gesamtkunstwerken.

Südtirols bester »Asiate« in der Küche ist ohne Zweifel ein Südtiroler. In französischen Spitzenrestaurants sammelte Burkhard Bacher wertvolle Erfahrungen und Fertigkeiten, die heute zum Fundament seines kulinarischen Schaffens gehören. Die vitale mediterrane Küche Italiens verfeinerte er in Sternelokalen wie der Enoteca Pinchiorri in Florenz und im Da Vittorio in Bergamo. Im Laufe mehrerer Aufenthalte in einem der besten Hotels der Welt – dem Oriental in Bangkok – eignete sich Burkhard Bacher die hohe Kunst der thailändischen, chinesischen und japanischen Küche an. Wie kaum ein anderer beherrscht er das delikate Zusammenspiel zwischen Schärfe und Süße, zwischen sauer und pikant. Aus seiner offenen Küche im einladenden Ambiente des Restaurants Kleine Flamme zaubert er Jakobsmuschel mit Chili-Polenta gebraten, Venere-Risi-Bisi und Tomaten; Kastanien-Ingwercreme mit Mozzarella, Wonton und Bottarga; Kartoffel mit Oktopus, Auberginen, Kokosnusscreme und Kaffee-Öl; Vitello tonnato auf mariniertem Sellerie mit Melone, Zitronengras und Olivenöl oder eine Amaretto-Thymian-Crème brulée mit Guave-Ingwer-Eis. Burkhard Bacher hat bereits vor Jahren das Südtiroler Sushi kreiert und fühlt sich auch in der Kulinarik Japans zu Hause: Frischer Fisch, Meeresfrüchte, Gemüse der Saison und feiner Reis vereinen sich in seiner personalisierten globalen Küche zu spannenden Genusserlebnissen. Der gut sortierte Weinkeller und der aufmerksame Service von Ehefrau Annelies tragen das ihre dazu bei, dass sich der Gast rundum wohlfühlt.

▶ Zu einem eindrucksvollen Erlebnis mit der Urgewalt der Natur wird ein Besuch in der Gilfenklamm bei Ratschings. Tourismusverein Ratschings, Tel. 04 72/76 06 08, www.ratschings.info

Restaurant Kleine Flamme · Neustadt 31 · 39049 Sterzing
Di–Sa 12–14 und 18:30–21, So 12–14 Uhr · Tel. 04 72/76 60 65 · www.kleineflamme.com

03 Echte, bodenständige Küchentradition

Wer Authentizität und Originalität sucht, typische Produkte aus eigener Produktion und den echten Geschmack der Region sowie gelebte und gepflegte Gastfreundschaft – und das alles in einem historischen Ambiente-, der ist bei Karl und Ulli Mair am Pretzhof im hinteren Pfitschertal an der richtigen Adresse.

Von Sterzing aus geht es einige Kilometer lang über grüne Wiesen hinauf zum Pretzhof aus dem 14. Jh. – einem Mekka für Liebhaber der echten, bodenständigen Küchentradition. Seit Jahrzehnten führt die Familie Mair ihr Wirtshaus mit großer Leidenschaft und viel Einsatz. Den geselligen Mittelpunkt bilden die alten, holzgetäfelten Bauernstuben mit ihrer heimeligen Atmosphäre. Von den Tischen am plätschernden Brunnen im Garten hat der Gast einen herrlichen Blick hinunter aufs Tal und hinaus nach Sterzing.

Speisekarten gibt es in den gemütlichen Stuben des alten Bauernhauses keine. Die aktuellen Tagesgerichte stellt Karl den Gästen mündlich vor und empfiehlt dazu gleich den richtigen Tropfen aus dem umfangreichen Weinkeller. Auf den Tisch kommen nur frische Produkte aus eigener Tierhaltung und Landwirtschaft, von der eigenen Alm sowie von einigen ausgewählten Höfen der nahen Umgebung. Am Pretzhof wird noch selbst geschlachtet und verwurstet. In der hofeigenen Metzgerei werden neben dem Fleisch Speck, Kaminwurzen, Wildwürste, Hausschinken, Osterschinken vom Spanferkel, Gams- und Hirschschinken hergestellt. Gemüse und Kräuter kommen aus dem eigenen Garten und von den Äckern der Nachbarn.

Ullis verfeinerte traditionelle Gerichte mit ihrer betont regionalen Ausrichtung sind kleine kulinarische Offenbarungen: Da bleibt nur, sich den Carpaccio vom Ochsen mit Kräutern, samtige Gorgonzola-Polentasuppe, Buchweizenspätzle mit Wildragout, Schmorbraten vom Milchkalb, Wildpfeffer mit Rotkraut oder einfach die hausgemachten Wurstwaren und Käsespezialitäten schmecken zu lassen. Vor dem Abschied verführt das liebevoll eingerichtete Hofladele zum Erwerb von selbst produzierten Köstlichkeiten.

Pretzhof · Familie Mair · Tulfes 259 · 39049 Pfitsch · Tel. 04 72/76 44 55
Mi 12–16, Do–Sa 12–21, So 12–20 Uhr, Aug. und Weihnachten auch Mi ganztägig
www.pretzhof.com

Im Pretz-Hofladele werden allerhand selbst produzierte Köstlichkeiten angeboten.
Karl Mair in seinem Element und seinem Reich: im alten Speckkeller

Die Franzensfeste dominiert die schmale Talenge zwischen Franzensfeste und Vahrn.
Einmal etwas anderes: mit dem Rad vom Brenner nach Bozen

04

Die Habsburger-Festung Franzensfeste

Die Franzensfeste wurde in den Jahren 1833–1838 nach dem letzten Stand der Festungsarchitektur geplant und erbaut und zählt zu den stärksten Festungen des Alpenraums. Die Anlage besteht aus einem gigantischen Labyrinth aus Räumen, Gängen und Treppen auf einer Geländefläche von über 20 Hektar.

Geplant und gebaut wurde die 65 000 Quadratmeter große Verteidigungsanlage aus 20 Millionen Ziegelsteinen und 250 000 Kubikmetern Granitblöcken unter den Habsburgern als eine der sichersten Festungen des Alpenraums. Eine unterirdische Treppe mit 451 Stufen führt als Fluchtweg in die obere Festung. Die Franzensfeste wurde 1838 eingeweiht und nach Kaiser Franz I. benannt.

Vor wenigen Jahren wurde die alte Festung saniert und architektonisch aufgewertet. Der Umbau dient heute als Schauplatz von Konzerten sowie von Architektur- und Kunstausstellungen wie KunstManifesta 7, der Landesausstellung Labyrinth: Freiheit oder 50 x 50 x 50 Südtirol.

In sieben großen Kasematten erzählt eine Dauerausstellung die Geschichte des Baus und seiner Umgebung, darunter jene über den sagenhaften 79-Tonnen-Goldschatz der italienischen Nationalbank, der hier während des Zweiten Weltkrieges versteckt lag. Die Ausstellung schlägt einen Bogen zu heutigen Formen der Abwehr: zu Spionage, elektronischer Überwachung, die immer mehr unser Leben bestimmt, und auch zur Festung Europa – einem Thema von großer Aktualität. Aber auch die Zukunft der Festung und ihre Verwendung finden in der Ausstellung ihren Platz. Ausstellung und Teile der Festung können auf eigene Faust erkundet werden. Eine spannende Führung erschließt die verborgenen Winkel der Anlage. Die Festung kann für kulturelle und soziale Veranstaltungen gemietet werden und bietet bis zu 2000 Personen Platz.

▶ **Die 100 Kilometer lange Radroute vom Brenner nach Bozen führt direkt an der Festung Franzensfeste vorbei. Die Entfernung von der Franzensfeste bis zum Brenner beträgt 49,35, die nach Bozen 52,35 Kilometer.**

Franzensfeste · Brennerstraße · Tel. 04 72/05 72 00 · Mai–Okt. Di–So 10–18, Nov.–April Di–So 10–16 Uhr · historische Führungen: tgl. um 11 und 15 Uhr · www.festung-franzensfeste.it

05 Kunst, Kultur und Wein im Kloster Neustift

Das Augustiner-Chorherrenstift Neustift bei Brixen wurde im Jahr 1142 von Bischof Hartmann von Brixen gegründet. Die einzigartige Klosteranlage liegt inmitten von Weinbergen und gilt als die größte in ganz Tirol. Neustift ist aber nicht nur für Kunst- und Kulturliebhaber eine attraktive Adresse.

Vor der Klosteranlage steht die um 1200 erbaute Michaelskapelle, ein zinnengekrönter, romanischer Rundbau, dessen Vorbild die Engelsburg in Rom gewesen ist. Gleich daneben befindet sich der Stiftskeller, der zur Verkostung der eigenen Weine und Produkte einlädt. Im Klosterhof trifft man auf den berühmten achteckigen Renaissancebrunnen mit freskenverziertem Baldachin und der Abbildung der sieben Weltwunder. Kloster Neustift ist als achtes Weltwunder dargestellt. Vom Klosterhof aus starten die Führungen durch das Stift und die wichtigsten Epochen der Kunstgeschichte: Romanik, Gotik, Renaissance, Barock und Rokoko haben hier ihre Spuren hinterlassen. Dazu zählt die barocke Stiftskirche genauso wie der gotische Kreuzgang mit den Fresken von Michael Pacher.

Der Bibliothekssaal wurde 1778 im Rokokostil errichtet, mit mehrfarbigem Parkett und umlaufender Galerie. 92 000 Bücher, wertvolle Manuskripte und Karten werden hier aufbewahrt. In der Pinakothek sind gotische Tafelbilder, Altäre, liturgische Kostbarkeiten und historische Instrumente ausgestellt.

Ein Besuch lohnt sich auch im kürzlich restaurierten Stiftsgarten. Im Kräutergarten gedeihen Dutzende von Pflanzen: nicht nur vertraute Arten wie Johanniskraut oder Brotklee, sondern auch Exoten wie Zitronengras, Jamaikathymian oder Tabak. Im hinteren Teil wächst ein Mammutbaum in unmittelbarer Nachbarschaft zu einem jahrhundertealten Ginkgo in den Himmel. Dazwischen reiht sich der Barockgarten mit schönen Brunnen und blühenden Beeten ein. Zwei historische Bauelemente prägen das Ensemble: das begehbare Vogelhaus und das Piszin, ein turmartiger Pavillon mit eingeschossigem Umgang, unter dem sich die Fischtröge befanden.

Augustiner-Chorherrenstift Neustift · Stiftstraße 1 · 39040 Vahrn
Tel. 04 72/83 61 89 · Stiftsführungen: Mo–Sa um 10, 11, 14, 15 und 16 Uhr · www.kloster-neustift.it

Die größte Klosteranlage Tirols: das Augustiner-Chorherrenstift Neustift
Die Stiftsbibliothek von Neustift ist ein besonderes Juwel.

Durch eine spezielle Leimtechnik entstehen außergewöhnliche Formen und Rundungen.

Exklusive Taschen kollektion aus edlem Holz

06

Embawo? Das Wort kommt aus dem Ugandischen und bedeutet Holz. Und um edles Holz geht es bei dieser neuen Trendmarke aus Südtirol. Der junge Tischler Norbert Öttl setzte 2009 eine lang gehegte Idee in die Tat um: die Anfertigung von exklusiven Taschen und Accessoires aus Holz – jedes Stück ein Unikat.

Embawo steht für qualitativ hochwertige, handgemachte Handtaschen aus Holz in elegantem Design. »Holz ist ein wunderbares Naturprodukt und für weit mehr als für die reine Verarbeitung zum Möbelstück geeignet.« Das Resultat aus dem Mix von klassischer Handwerkskunst und innovativem Design sind einzigartige Modeaccessoires made in Italy – von der Brieftasche über die Reisetasche bis zum Koffer. Die Vielfalt der Taschenkollektion spiegelt sich in außergewöhnlichen Formen und Linien wider und steht für Innovation und Zeitgeist. »Holz ist nicht nur optisch ansprechend, sondern mit allen Sinnen erlebbar. Stark und geschmeidig, extravagant und gleichzeitig universell passt sich die Embawo-Tasche der Trägerin und dem Träger sowie dem jeweiligen Anlass an«, freut sich Norbert Öttl, der auf eine Karriere als international agierendes Model zurückblickt.

Embawo-Taschen sind Stück für Stück individuelle Einzelanfertigungen. Der Kunde sucht sich Holz, Leder und Beschläge selbst aus. Qualität und Exklusivität sind das Ergebnis. Zur Verarbeitung werden bevorzugt heimische Hölzer wie Nuss, Apfel oder Olivenbaum verwendet, welche durch ihre besonderen Maserungen optische Reize setzen, und dadurch wird jede Tasche zum Unikat. Embawo-Kreationen stehen zu 100 Prozent für italienisches Design und punkten mit Aussehen und Komfort. Je nach Modell wiegt eine Tasche zwischen 400 und 600 Gramm, ein Koffer je nach Größe zwischen 2,7 und 3,7 Kilogramm.

▶ Messer aus Damaszenerstahl, hergestellt wie vor vielen tausend Jahren, fertigt Rudolf Bachmann, leidenschaftlicher Kunstschmied, Gitarrenbauer und Tonholzschneider in Antholz-Mitteral. www.bachmann-knifeart.com

Embawo Showroom · Norbert Öttl · Handwerkerzone 5 · 39040 Vahrn · Tel. 34 67 74 58 68
www.embawo.com

07 Käsekultur und Käsekunst auf höchstem Niveau

Affinieren bedeutet verbessern, veredeln oder perfektionieren. Der »Maître fromager affineur« ist der Meister der Käse-Veredelung. Er pflegt und verbessert das Grundprodukt mit originellen neuen Aromen und innovativ-alternativem Geschmack. Hansi Baumgartner ist Südtirols erster und bekanntester Käse-Affineur.

In Südtirol, einem Land, wo die Milch buchstäblich aus vielen Bauernhöfen und Almen rinnt, gab es bis vor wenigen Jahrzehnten keine nennenswerte Käsekultur. Diese beschränkte sich weitgehend auf die industrielle Herstellung der großen Genossenschaftsmolkereien. Wer guten Käse auf seinem Tisch haben wollte, der musste ihn außerhalb des Landes suchen. Das musste auch Hansi Baumgartner, der bekannte Hauben- und Sternekoch, feststellen. Auf seinen Reisen nach Frankreich, Norditalien und Österreich entdeckte er kleine Käsereien, engagierte Produzenten und qualitativ hochwertige Käse. Er hängte die Kochmütze an den Nagel und gründete 1994 Degust, sein neues Reich der Käsekultur. »Unser Ziel war von Anfang an das Wiederentdecken, Auswählen und Veredeln von Nischenprodukten kleiner Käsereien, die sich durch höchste Qualität auszeichnen«, blickt Hansi Baumgartner zurück. Gemeinsam mit seiner Frau Edith suchte er nach »Veredelungstechniken, die in traditionellen Konservierungsmethoden wurzeln, aber gleichzeitig innovativ und geschmacklich avantgardistisch sind«.

▶ Einen guten Tropfen zum Käse bietet Günther Kerschbaumer vom nahe gelegenen Weingut Köfererhof, einer der besten Weinproduzenten des Eisacktals. Pustertalerstr. 3, Neustift, Tel. 04 72/83 66 49, www.koefererhof.it

Blauschimmelkäse mit Pinienkernen und Kakaobohnen, mit Nussschnaps einbalsamierter Kuhweichkäse, in Heu gereifter Almkäse oder Ziegenkäserollen mit getrockneten Bergblüten – die Vielfalt des Angebots im Degust-Käse-Atelier ist schier unbeschreiblich. Ebenso wie der Duft, der über allem liegt und jeden Käseliebhaber dahinschmelzen lässt. Seine Käse reifen unter idealen Bedingungen in einem Bunker aus dem Zweiten Weltkrieg.

Degust · Bsackerau 1 · 39040 Vahrn · Tel. 04 72/84 98 73 · Mo–Fr 8.30–12.30 und 14–18 Uhr
Sa 8.30–12 Uhr · www.degust.com

Ein Besuch bei Hansi Baumgartner, dem Mann, der »nur den Käse im Kopf hat«

Die einzigartigen Fresken im Kreuzgang stammen von Meister Leonhard von Brixen.
Eine besondere Adresse in Brixen: das Pharmaziemuseum

Pharmaziemuseum und gotischer Kreuzgang

08

Vom Norden kommend öffnet sich vor Brixen das Tor zum Süden in einem breiten Talkessel. Die ersten Weinberge und Kastanienhaine versprechen ein mildes Klima. Und die älteste Stadt Südtirols hat einiges zu bieten: das Zentrum mit Domplatz und barockem Bischofsdom, den Kreuzgang und die mittelalterlichen Lauben …

2002 in der Adlerbrückengasse im historischen Zentrum eröffnet, dokumentiert das Pharmaziemuseum mehr als 400 Jahre Apothekengeschichte. Am Beispiel der Brixner Stadtapotheke wird in vier Ausstellungsräumen Fortschritt und Umbruch der Arzneikunde anschaulich beschrieben. Da geht es um die Herstellung von Arzneimitteln: Pillenrechen, Tablettenpressen oder Zäpfchenformen sind zu sehen, Geräte, Gefäße, Heilmittel und Verpackungen, die aus dem täglichen Apothekengebrauch stammen. Anschaulich dargestellt wird, wie aus Mineralien, Tieren und Pflanzen historische Arzneidrogen hergestellt wurden. Früher mussten die Kranken gegen Fieber gezuckerte Asseln schlucken oder sich mit eingedickter Ochsengalle bestrichene Pflaster gegen Spulwürmer aufkleben. Schmelztiegel und Destilliervorrichtungen können im apothekeneigenen Labor bestaunt werden. Eine Elchklaue, ein Krokodil, der Kopf eines Gürteltiers und ein Stück einer ägyptischen Mumie werden als exotische Lockobjekte ausgestellt. Sie sollten einst neugierige Käufer anlocken und die Ehrfurcht vor den Apothekern fördern.

▶ Führungen durch Dom und Kreuzgang von Ostern bis Allerheiligen, von Mo–Sa jeweils um 10.30 und 15 Uhr. Treffpunkt ist die Vorhalle im Dom. www.brixen.org

Brixen war 1000 Jahre lang Bischofssitz. Das hat Spuren hinterlassen. Zu einer eindrucksvollen Reise zurück in die Geschichte wird ein Besuch im Kreuzgang neben dem Dom. Das heute sichtbare Kreuzgratgewölbe geht auf die Zeit um 1370 zurück. Die Malereien stammen aus der frühen bis späten Gotik (14.–16. Jh.) und dienten der Illustration von Bibelstellen, die so auch dem gemeinen Volk zugänglich waren.

Pharmaziemuseum Brixen · Adlerbrückengasse 4 · 39042 Brixen · Tel. 04 72/20 91 12
Juli, Aug. Mo–Fr 14–18, Sa 11–16, Sept.–Juni Di, Mi 14–18, Sa 11–16 Uhr
www.pharmaziemuseum.it

09 Idyllische Sommerfrische in Bad Dreikirchen

Bad Dreikirchen hoch über dem Eisacktal in der Gemeinde Barbian ist ein magischer Ort. Schon Sigmund Freud hat den kleinen Weiler in sein Herz geschlossen: »Es war eine entzückende Einsamkeit, Berg, Wald, Blumen, Wasser, Schlösser, Klöster und keine Menschen … das Abendessen hat dann sehr geschmeckt.«

In das Naturparadies auf 1120 Meter Meereshöhe gelangt man von Barbian aus nur zu Fuß oder mit dem Geländetaxi. Von hier oben schweift der Blick hinab ins Tal in die Dürer-Stadt Klausen und zum Kloster Säben, zu den Dörfern auf der gegenüberliegenden Seite des Eisacktals sowie zu den markanten Spitzen der Dolomiten mit Geißlergruppe und Sellastock.

An der Stelle befand sich bereits in vorchristlicher Zeit ein heidnisches Quellenheiligtum. Die älteste und größte der Kirchen, St. Gertraud, wurde erstmals 1237 urkundlich erwähnt. Die beiden anderen, Nikolaus und Antonius geweiht, gehen auf das Jahr 1422 zurück.

▶ Im nahe gelegenen Weiler Briol errichtete der Künstler Hubert Lanzinger 1928 nach bester Bauhausmanier ein Gesamtkunstwerk – heute ein einladendes Hotel. www.briol.it

Der traditionsreiche Gasthof wurde 1315 erbaut und wird seit über 200 Jahren von der Familie Wodenegg geführt. Die beiden jungen Wirtsleute Matthias und Annette setzen nach wie vor auf »Traditionsbewusstsein, Liebe zum Detail und Gespür für die einfachen Dinge«. Der Duft von Zirbenholz und sonnige Gelbtöne ziehen sich durch das ganze Haus. Bibliothek und Musikzimmer mit Flügel, ein heller Speisesaal, eine gemütliche Stube und die sonnige Veranda mit dem Schwimmbad in der grünen Blumenwiese versetzen den Gast in eine andere Zeit und laden zum Genießen mit allen Sinnen ein.

»Wo die Natur Regie führt, kann auf Fernseher, Telefon und Auto ruhig verzichtet werden«, sind die Hausherren überzeugt. Bad Dreikirchen zählt zu Südtirols »idyllischen Plätzen«, der Vereinigung von außergewöhnlichen Häusern alpiner Gastlichkeit.

Hotel Bad Dreikirchen · Dreikirchen 12 · 39040 Barbian · Tel. 04 71/65 00 55
geöffnet von April–Oktober · www.baddreikirchen.it

Bad Dreikirchen ist um drei gotische, zusammenhängend gebaute Kapellen entstanden.
Ursprüngliche Bodenständigkeit und Lebensart bei einem guten Glas Wein

Nicht zu übersehen: das Kloster Säben oberhalb von Klausen
Die Heiligkreuzkirche steht am höchsten Punkt der Klosteranlage.

Auf dem Heiligen Berg Südtirols

10

Wie eine Burg thront Kloster Säben auf einem steil abfallenden Felsplateau, 200 Meter hoch über der Dürer-Stadt Klausen. Der einstige Bischofssitz von Tirol zählt zu den ältesten Wallfahrtsorten des Landes. Archäologie, Geschichte und Kunst am Säbener Berg verdienen nicht umsonst große Aufmerksamkeit.

Kloster Säben kann nicht übersehen werden, wenn man auf der Brennerautobahn im Eisacktal unterwegs ist. Von Klausen ausgehend gelangt man auf der Säbener Promenade in 45 Minuten hinauf zum Kloster Säben, auf dem alten Kreuzweg in einer halben Stunde. Die Gegend am Berg von Sabiona war schon in der Jungsteinzeit besiedelt. Auf den Resten einer spätromanischen Ansiedlung wurde ein frühchristliches Zentrum errichtet. Vom 6.–10. Jahrhundert war Säben erster Bischofssitz von Tirol. Dieser wurde um 960 nach Brixen verlegt. Säben blieb bischöfliche Wehrburg. 1685 kamen Chorfrauen aus dem Stift Nonnberg in Salzburg nach Säben, um die Gründung des Benediktinerinnenklosters zum Heiligen Kreuz vorzubereiten, welches 1699 zur Abtei erhoben wurde. Noch heute leben Klosterfrauen in strenger Klausur auf dem Heiligen Berg, widmen sich dem Chorgebet und der Arbeit, kümmern sich um Pilger und im Sommer um die Gäste.

▶ Die Weine aus dem steilen Klausur-Klostergarten von Säben füllt die Eisacktaler Kellerei in Klausen ab: Sabiona Sylvaner und Sabiona Kerner. Weinshop nahe der Autobahnausfahrt Klausen, www.eisacktalerkellerei.it

Das Kloster selbst ist für Besucher nicht zugänglich, wohl aber die vier Kirchen und Kapellen. Die Marien- oder Gnadenkapelle wurde an der Stelle der ältesten Säbener Kirche errichtet und ist nach wie vor ein beliebtes Pilgerziel. Die barocke Liebfrauenkirche schließt sich direkt an die Marienkapelle an. Sie wurde um 1650 von den Klausener Bürgern als Dank für die Errettung von der Pest gestiftet. Die eigentliche Klosterkirche im barocken Stil wurde 1687 auf den Fundamenten der einstigen Burg errichtet. Die Heiligkreuzkirche wartet mit gut erhaltenen Fresken aus dem 17. Jahrhundert auf.

Informationen und Anmeldungen für Gruppenführungen: Tourismusverein Klausen
Marktplatz 1 · 39043 Klausen · Tel. 04 72/84 74 24 · www.klausen.it

11 Einzigartige Südtiroler Friedhofslandschaft

Villanders, hoch über dem Eisacktal, ist ein beschauliches Dorf. Die enge Dorfgasse hinauf zur Pfarrkirche und zur Michaelskirche hat schon den Historienmaler Franz Defregger zu seinem Monumentalwerk »Das letzte Aufgebot«, aus der Zeit der Tiroler Freiheitskämpfe um Andreas Hofer im Jahr 1809, inspiriert.

Wirklich einmalig aber ist der Friedhof von Villanders, der zusammen mit der Pfarrkirche St. Stephan und der Kirche St. Michael ein beachtenswertes, historisch gewachsenes Ensemble bildet. Der Friedhof liegt unmittelbar zwischen den beiden Kirchen – mit weitem Blick hinunter ins Tal und auf das nahe liegende Kloster Säben. Die Grabkreuze der eng beieinanderliegenden Gräber sind ausnahmslos kleine schmiedeeiserne Kunstwerke, vom Stil her ähnlich gestaltet. Die Gräber sind mit einer bunten Vielzahl von Blumen bepflanzt. Das Besondere kommt aber erst: Die Grabkreuze sind mit der Vorderseite und den beschrifteten Gedenktafeln vom Grabhügel abgewandt, sie zeigen nach hinten, Richtung Westen. Die Verstorbenen liegen so, dass sie nach Osten sehen. Die Besucher stehen nicht wie üblich vor ihren Gräbern, sondern hinter den Kreuzen auf den Wegen. Stimmige Erklärung für diese Einzigartigkeit gibt es keine. Die Lebenden blicken allerdings gemeinsam mit den Toten gen Osten, dem Sonnenaufgang entgegen – ein starkes Symbol und ein altes Sinnbild der Hoffnung.

▶ **Der Archeopark Villanders in der archäologischen Zone Plunacker zeigt Funde von der Mittelsteinzeit (7.–8. Jahrtausend v. Chr.) bis zum Mittelalter.**

Die Pfarrkirche St. Stephan hat romanische Ursprünge, wurde aber um 1520 spätgotisch umgebaut und im 19. Jahrhundert im Inneren neugotisch gestaltet. Der Hl. Christophorus, die Madonna, die Dorfheiligen Stephanus und Valentin sowie eine Sonnenuhr aus dem Jahr 1569 am Südeck des Turms sind kaum noch zu erkennen. St. Michael wurde 1344 eingeweiht und dient heute als Leichenkapelle. Der Heilige wird auch als Patron der Toten verehrt und bewacht den Friedhof.

Tourismusverein Villanders · Franz-von-Defregger-Gasse 6 · 39040 Villanders
Tel. 04 72/84 31 21 · www.klausen.it

Das Schutzhaus Latzfonser Kreuz auf einer Höhe von 2305 Metern
Schmiedeeiserne Kunstwerke: die Grabkreuze am Friedhof von Villanders

Gemütlichkeit ist angesagt: in freier Natur ebenso wie in der heimeligen Bauernstube.
Speck und Käse, Bauernbrot und vor allem der neue Wein gehören zum richtigen Törggelen.

12

Auf zum echten Südtiroler Törggelen

Der neue Wein reift in den Fässern, das Kraut ist eingeschnitten, die Würste sind geselcht und die Kastanien eingesammelt … Auch wenn Busladungen von Touristen das Törggelen zu einem Massenabfertigungsereignis haben verkommen lassen, das echte Törggelen zählt in Südtirol zu den beliebtesten Bräuchen im Spätherbst.

Entstanden ist das Törggelen ursprünglich im Eisacktal. Der Begriff Törggelen kommt nicht vom Heimtorkeln nach ausgiebigem Feiern und Weingenuss auf dem Bauernhof. Er wird von der »Torggl« abgeleitet, wie die Weinpresse im Volksmund bezeichnet wird. Und dieser Begriff stammt vom Lateinischen »torquere«, was so viel bedeutet wie pressen.

Das Törggelen entstammt dem alten Brauch der Bauern, nach der Ernte im Herbst ihre Nachbarn zu besuchen, den jungen Wein zu verkosten und bei einer gemütlichen Marende (Brotzeit) auf das Jahreswerk anzustoßen. Die Weinhändler machten sich in dieser Zeit ebenfalls auf den Weg, um den richtigen Tropfen bei den richtigen Bauern zu finden. Zum Kosten des neuen Weins stieg man in den Kelterraum, in dem auch die »Torggl« stand. Zur geselligen Runde und zum Bauernschmaus hat man sich dann in die gemütliche Stube gesetzt.

Neben dem süßen Most (Siaßer) und dem jungen Wein (Nuier) gab es Speck und Würste aus eigener Produktion sowie einfache Gerichte aus der Bauernküche: Gerstesuppe und Schlutzkrapfen, Schlachtplatten mit Surfleisch, Sauerkraut und Knödeln. Den Abschluss bildeten gebratene Kastanien (Keschtn) aus den umliegenden Wäldern, süße Krapfen und ein Gläschen vom selbst gebrannten Treber- oder Zwetschkenschnaps.

Zum Törggelen gehört eine Wanderung durch die zauberhafte Südtiroler Herbstlandschaft. Der Südtiroler Keschtnweg führt durch ein Band von Kastanienhainen von Vahrn bei Brixen längs der Hänge des Eisacktals bis hin zum Rittner Hochplateau und hinunter in den Bozner Talkessel zur legendären Bilderburg Runkelstein. Am Weg bieten Direktvermarkter ihre Produkte an.

Roter Hahn · Bäuerliche Schankbetriebe in Südtirol · www.roterhahn.it
Ferienregion Eisacktal · 39042 Brixen · Tel. 04 72/80 22 32 · www.eisacktal.com

13 Der Traum vom Fliegen

Wer träumt nicht davon, einmal im Leben abzuheben, über den Wolken zu schweben, einfach zu fliegen … Die Gebrüder Gabriel und Marco Kostner machen diesen Traum wahr. Traumhafte Hubschrauber-Rundflüge für jeweils bis zu sechs Personen starten in die grandiose und atemberaubende Bergwelt der Dolomiten.

»Vom Kind bis zur Hundertjährigen – alle sind begeistert«, freut sich Gabriel Kostner. »Was kann es nämlich Schöneres geben, als die grandiose und mächtige Kulisse der weißen Berge der Dolomiten von oben zu sehen?« Ein Erlebnis, das niemand vergisst, der einmal mit einem Elikos-Hubschrauber zu einem Rundflug gestartet ist. Zu den prominenten Gästen, die das bestätigen könnten, zählen unter anderem Jetsun Pema, die Schwester des Dalai Lama, Michael Schuhmacher, Bernie Ecclestone und Prinz Albert von Monaco.

Die Leidenschaft und Passion für diesen Beruf haben die Kostner-Brüder von ihrem Großvater geerbt. Dieser hatte bereits in der Zwischenkriegszeit des letzten Jahrhunderts als Hobbypilot den Flugschein erworben. Die Basis von Elikos befindet sich in Pontives, am Eingang des Grödnertales. Das Pilotenteam rund um die beiden Kostner-Brüder verfügt über große Flugerfahrung, die sie sich im Laufe der Jahre durch Personen- und Lastentransportflüge sowie Flugrettungseinsätze erworben hat.

Gestartet wird in Pontives oder auf dem Grödner Joch. Drei Rundflüge stehen zur Wahl: Tour 1 mit einem Flug über den Schlern, Rosengarten, Langkofel, die Sella-Gruppe, Puez und Geissler dauert 15 Minuten. Tour 2, ein 30-minütiger Rundflug, geht darüber hinaus bis zur Marmolada. Tour 3 dauert 50 Minuten und hat zudem noch die Tofana, den Cristallo, die Drei Zinnen und den Pragser Wildsee im Programm. Wäre so ein Rundflug nicht eine fabelhafte Geschenkidee zu einem besonderen Anlass?

Elikos bietet auf Anfrage auch Taxidienste sowie einen Flughafen-Transfer vom Flughafen zum Hotel und umgekehrt – egal, ob von Verona oder Mailand, von Venedig oder Florenz, von München, Wien oder Innsbruck aus.

Elikos · Büro: Via Dantercëpies16 · 39048 Wolkenstein Gröden · Flughafen: Pontives 26a
39040 Lajen · Tel. 33 57/88 01 49 · www.elikos.com

Gabriel und sein Bruder Marco haben die Leidenschaft zum Fliegen von ihrem Großvater geerbt.
Ein Flug durch die zauberhafte Winterlandschaft der Dolomiten

Ein 1000 Kilometer langes Tourennetz in einem der schönsten Bergpanoramen lädt ein.
Auf den Passstraßen zum Sellajoch: die bezaubernde Bergwelt mit allen fünf Sinnen erleben.

Auf nach Gröden zum Sellaronda Bike Day

14

Tausende von Fahrrädern bevölkern die vier Dolomitenpässe rund um den Sellastock im Grödnertal: das Grödnerjoch, den Campolongopass sowie das Pordoi- und das Sellajoch – ein einmaliges Erlebnis. Beim Sellaronda Bike Day sind die Radfahrer im wahrsten Sinn des Wortes König.

Zweimal im Jahr, im Juni und im September, stehen die Passstraßen mitten in dieser zauberhaften Bergkulisse allen Radlern offen. 5500 waren es während der Sellaronda Bike Days im Herbst 2015. Trotz ungünstiger Witterungsverhältnisse traten die Sportbegeisterten kräftig in die Pedale und eroberten hoch zu Rad die Dolomitenpässe.

»Motoren ausschalten und Bergluft einatmen«, ist das Motto der Veranstalter. Das UNESCO-Welterbe Dolomiten wahrnehmen, die Stille hören, den Duft der intakten Natur riechen, die bleichen Felsen fühlen und die regionalen Köstlichkeiten in den Restaurationsbetrieben entlang der Strecke verkosten. So macht Radfahren Spaß!«, heißt es in der Einladung.

Zum Mountainbiken im Reich der Bleichen Berge lädt auch die neue Bike-Region Gröden/Seiser Alm ein: in eine einmalige Naturkulisse, in der sich der Sport ausgezeichnet mit gemütlichen Almhütten und feinen Gourmetfreuden verbinden lässt. 30 bestens beschilderte Mountainbike-Routen in Höhenlagen zwischen 700 und 2450 Metern mit unterschiedlichen Schwierigkeitsgraden sowie ein 1000 Kilometer langes Tourennetz in einem der weltschönsten Bergpanoramen stehen den Sportlern zur Verfügung – mit einer Reihe von neu konzipierten Strecken für alle Ansprüche. Auf der Webseite www.mtb-dolomites.com findet man Tourendaten und Roadbook, Höhenprofile, GPS-Daten sowie weitere interessante und nützliche Informationen zu den einzelnen Routen im Bikeparadies Gröden/Seiser Alm.

▶ Im Grödnertal, dem Zentrum der Holzschnitzkunst, kann die von 18 Kunsthandwerkern gefertigte, größte Krippe der Welt ganzjährig bestaunt werden: im Center Iman von St. Christina/Gröden.

Sellaronda Bike Day · Dursanstr. 80c · 39047 St. Christina/ Gröden · Tel. 04 71/77 77 77
www.sellarondabikeday.com

Kraftvolle Schönheit: die mächtige Wehrburg Schloss Rodenegg

Die ältesten profanen Wandmalereien

15

Hoch über der Rienzschlucht am Eingang des Pustertals erhebt sich Schloss Rodenegg, eine der größten und mächtigsten Wehrburgen ihrer Zeit. Die Burg wurde nie eingenommen und besticht noch heute durch kraftvolle Schönheit. Hauptattraktion sind die ältesten profanen Wandmalereien im deutschen Sprachraum.

Friedrich I. von Rodank erbaute die Burg im Jahr 1140 in einer strategisch einmaligen Lage. Bis heute ist die Burg nur über eine Brücke erreichbar. Wuchtige Mauern mit Türmen und Zinnen vermitteln dem Besucher das Gefühl einer »echten« Ritterburg mit allem Drum und Dran. 1491 ging die Burg an die Grafen von Wolkenstein-Rodenegg. Im 16. Jahrhundert wurde sie von der Familie des bekannten Minnesängers Oswald von Wolkenstein umgebaut und zu einem prächtigen Ansitz erweitert. Noch heute ist die Burg im Besitz der Nachkommen des Minnesängers und teilweise bewohnt. Den Großteil der Burg kann man besichtigen. Besonders sehenswert sind die Burgkapelle zum Hl. Michael, der Waffensaal, der beeindruckende Schlossgarten auf dem Felsvorsprung und das sogenannte »Lauterfresserloch«. In dem engen Felsverlies wurde einst der angebliche Hexer Matthias Perger – wegen seiner Vorliebe für »Lauteres« (Flüssiges), »Lauterfresser« genannt – gefangen gehalten. 1645 wurde ihm auf Schloss Rodenegg ein spektakulärer Prozess gemacht, woraufhin er auf dem Scheiterhaufen in Mühlbach hingerichtet wurde.

▶ Der 340 Kilometer lange Europa-Höhenweg Nr. 2 führt in 22 Etappen von Innsbruck (Nordtirol) über den Brenner und Rodeneck bis nach Brixen und weiter nach Feltre im Veneto. www.suedtirol.info

Die Hauptattraktion auf Schloss Rodenegg aber ist der erst 1972 entdeckte und freigelegte Freskenzyklus von Hartmann von Aue. Die Wandbilder in der Trinkstube des Palais sind die frühesten profanen Wandmalereien im gesamten deutschsprachigen Raum. Sie sind zwischen 1200 und 1220 entstanden und erzählen in elf Bildern das Iwein-Epos – Iwein ist einer der zwölf Ritter der Tafelrunde von König Artus.

Schloss Rodenegg · Fraktion Vill 1 · 39037 Rodeneck · Tel. 04 72/45 40 44 – 32 81 65 13 32
Führungen Juni–Mitte Okt. So–Fr um 11.30 und 14.30, Mitte Juli-Aug. auch 15.30 Uhr
www.gemeinde.rodeneck.bz.it

Ein wahres Highlight: der Ausblick vom MMM Corones – samt Friedensglocke
Begegnungsstätten »mit dem Berg, mit der Menschheit und letztlich auch mit sich selbst«

Berg-Erlebnisse in Messners Mountain Museen

16

An Reinhold Messner kommt in Südtirol niemand vorbei. Er ist nicht nur der bekannteste Südtiroler weltweit mit seinem Bergmuseumsprojekt. Mit insgesamt sechs über das Land verteilten Museen hat er wichtige Begegnungsstätten geschaffen und ein wesentliches Kapitel der Berg-Kulturgeschichte mitgeschrieben.

Das »MMM Corones« (Messner Mountain Museum) auf dem Kronplatz bei Bruneck ist das sechste Museum und schließt den Reigen der Bergmuseen ab. Das MMM Corones auf dem 2275 Meter hohen Südtiroler Skiberg Nr. 1 ist gleichzeitig auch das höchstgelegene Museum Europas.

Messners Mountain Museen sind Begegnungsstätten »mit dem Berg, mit der Menschheit und letztlich auch mit sich selbst«. Schloss Juval bei Naturns war das erste Museum und ist dem »Mythos Berg« gewidmet. Das Herzstück bildet die Ausstellung »Auseinandersetzung Mensch-Berg« im MMM Firmian auf Schloss Sigmundskron bei Bozen. Im MMM Ortles in Sulden steht das Thema »Im End' der Welt« im Mittelpunkt. »Museum in den Wolken – Dolomites« ist das Motto des MMM am Monte Rite im Herzen der Dolomiten. Auf Schloss Bruneck beschäftigt sich das MMM Ripa in seiner Ausstellung mit dem Thema »Bergvölker«.

▶ Die Friedensglocke Concordia 2000 auf dem Gipfel des Kronplatzes ist mit 18,1 Tonnen eine der größten im Alpenraum. Sie läutet immer mittags mit dem Wunsch »Donet deus populis pacem – Gott schenke den Völkern Frieden«.

2015 kam der Berggipfel des Kronplatzes als letztes Glied in der Kette hinzu. Hier geht es um die großen Wände, den traditionellen Alpinismus und das Leben der Bergsteiger – veranschaulicht anhand von Sammlungen, Kletterausrüstungen und persönlichen Gegenständen.

In Zusammenarbeit mit Skirama Kronplatz und der Stararchitektin Zaha Hadid hat Reinhold Messner wohl sein innovativstes Museum geschaffen. »Das Besondere an diesem Museum ist die Kombination aus Lage, Aussicht und Architektur«, freut sich Reinhold Messner.

MMM Corones · Kronplatz · 39030 Enneberg · Tel. 04 74/50 13 50 · Juni–Mitte Okt. und Ende November–Mitte April tgl. von 10–16 Uhr · www.messner-mountain-museum.it

17 Die Nummer eins der Südtiroler Küche

Mit seiner »Cook the Mountains«-Küche geht Norbert Niederkofler, Südtirols erster Drei-Sterne-Koch – einer von neun in ganz Italien und die unumstrittene Nummer eins unter Südtirols Spitzenköchen, neue Wege. Austern, Foie gras oder Bressehuhn findet man nicht mehr auf seiner Karte …

Das Brot am Tisch ist hausgemacht und aus Mutterteig mit natürlichen Hefen gebacken. Die Butter stammt von der Bergmilch vom Chi-Prá-Hof in Pedraces. Seit 1994 ist Norbert Niederkofler für die Küche im Gourmetrestaurant St. Huberts im Hotel & Spa Rosa Alpina in St. Kassian im Gadertal verantwortlich. Und er hat gut lachen: Zwei Michelin-Sterne, vier Gault-Millau-Hauben, drei Gabeln beim Gambero Rosso und drei Hauben beim Espresso – kein anderer Südtiroler Küchenchef bringt es auf so viele Auszeichnungen wie der sympathisch lockere Pustertaler.

Albrecht und Jonas Ebensperger – Italiens erste Whisky-Brenner

Der im Ahrntal aufgewachsene Sternekoch setzt auf eine neue Alpinküche mit dem Motto »Cook the Mountains«. Auf der Suche nach Identität und Authentizität hat er die klassischen Höhepunkte der Sterneküche von seiner Speisekarte gestrichen. Die Zusammenarbeit mit den Bauern der Umgebung und kleinen Produzenten ist ihm heute wichtiger. Sein Ziel: »Das kulinarische Erbe der Dolomiten wieder zum Leben erwecken und Südtirol eine neue Fine-Dining-Identität geben«.

Seinen Gästen tischt er Kräutersalat vom Aspinger-Hof, lauwarmen Zander geräuchert mit Ofenricotta vom Pic-Pre-Hof, Gerstenrisotto mit Bergkräutern und Zitronenverbene, Ravioli mit flüssigem Ziegenkäse und Latschenkieferhippe, Rote-Bete-Gnocchi mit Biererde oder Mandelmousse mit Marillensorbet auf.

Auf seiner Homepage bekennt Südtirols Küchenstar: »Ich bin ein Individuum. Wie Sie auch. Hab' meine Stärken und Schwächen. Wie wir alle. Echt zu sein, gelingt mir nicht immer. Ihnen? Aber wenn ich es schaffe, Menschen am vertrauten Geruch und Geschmack meiner Heimat teilhaben zu lassen, bin ich einfach nur glücklich.«

Restaurant St. Hubertus · Hotel & Spa Rosa Alpina · Strada Micurá de Rü 20
39036 St. Kassian in Abtei · Tel. 04 71/84 95 00 · www.rosalpina.it · www.n-n.it

18 Im Zeichen des guten Geschmacks

Auf eine spannende Entdeckungsreise durch die Welt des gepflegten Trinkens und der kulinarischen Spezialitäten lädt das Feinkostgeschäft Harpf in der Brunecker Stadtgasse ein. Hier wird italienische Ess- und Trinkkultur hautnah gelebt. Der Shop hat sich zu einer echten Feinschmeckeroase gemausert.

Die erste Weinrechnung der einstigen Bäckerei Harpf in der Brunecker Altstadt ist auf das Jahr 1919 datiert. Damals hatte die Kellerei St. Michael/Eppan erstmals vier Holzfässer besten Kalterersee-Wein nach Bruneck geliefert. Das ist die offizielle Geburtsstunde des Getränkehandels Harpf. Mit Lukas Harpf hat heute die fünfte Generation die Verantwortung im Familienbetrieb übernommen. In seinem neuen Getränkeladen bietet er eine breite Auswahl für den täglichen Genuss. Außer Wein und Bier erlesene Spirituosen und ein breites Sortiment handwerklich erzeugter Lebensmittel: Antipasti und Teigwaren, Würste und Käse, Mostarde und Gewürze, Marmeladen und Schokolade, Kaffee und Tee.

▶ Ein einzigartiges Wohlfühlerlebnis – feinste Pralinen und edle Blumenarrangements in anregendem Ambiente: Acherer Patisserie.Blumen, Stadtgasse 8, Bruneck, Tel. 04 74/41 00 30, www.acherer.com

Eine eigene Abteilung ist dem Südtiroler Wein gewidmet, mit den wichtigsten Produzenten und Rebsorten. Man spürt die Leidenschaft für das Besondere. So bietet Lukas Harpf eine einzigartige Auswahl an 120 Craft-Bieren an, dazu mehr als 300 Weine aus aller Welt. Täglich gibt es eine Auswahl von Bieren, Weinen, Spirituosen und Lebensmitteln zur freien Verkostung. Häufig sind Produzenten für Verkostungen zu Gast. Und abends finden im Laden Kurse und Vorträge rund um die Welt des Essens und Trinkens statt.

Im Laden wartet eine gemütliche Leseecke mit einem großen Ledersofa. Auf 170 Quadratmetern »werden alle Produkte elegant und verspielt präsentiert – in einer demokratischen Atmosphäre, in der jedermann willkommen ist«, erklärt Lukas Harpf.

harpf Getränkeladen · Stadtgasse 53 a · 39031 Bruneck · Tel. 04 74/53 71 31
Mo–Fr 9:30–12.30 und 14:30–19, Sa 9:30–12:30 und 14:30–18 · Uhrwww.harpf.it

Für Lukas Harpf muss »ein guter Laden eine bespielte Bühne« sein.
Edle Pralinen und kreativen Blumenschmuck vereint Acherer Patisserie.Blumen.

Verschneite Bergweihnacht in den Südtiroler Dolomiten

Europas stimmungsvollste Krippenwelt

19

Das Schnitzerhandwerk geht im Ahrntal auf eine jahrhundertealte Tradition zurück. In den Wintermonaten wurden überall auf den Bauernhöfen Masken, Wurzeln und religiöse Motive geschnitzt. Auch Paul Gartner aus Luttach, der gelernte Bildhauer, hat sich von dieser Leidenschaft anstecken lassen.

Seit über 30 Jahren sammelt die Familie von Paul Gartner Krippen und Südtiroler Volkskunst. Im Jahr 2000 machte die Familie ihre Kunstwerke auch der Öffentlichkeit zugänglich und eröffnete mit ihrem Museum Maranatha eine der umfassendsten und stimmungsvollsten Krippenwelten Europas. Der Name Maranatha kommt aus dem Aramäischen, der Muttersprache Jesu, und bedeutet »Unser Herr komme«.

Im frei zugänglichen Bildhauergarten ist die Entwicklung der Schnitzkunst in den Bergtälern nachgezeichnet. In der Bildhauerwerkstatt kann der Besucher einem Holzschnitzer bei der Arbeit über die Schulter schauen. Das Museum selbst zieht die Besucher mit seiner einzigartigen Erlebniswelt mit Miniaturlandschaften aus dem bäuerlichen Leben und beeindruckenden Krippen aus über 20 Nationen in seinen Bann. Da steht eine Nordtiroler Winterkrippe neben einer Südtiroler Almkrippe, Reimmichl's Bergweihnacht neben der großen Ahrntaler Brauchtumskrippe, Bauernkrippen neben orientalischen Königskrippen. Die einzigartige Swarovski-Krippe ist ein Unikat, und eine Jahreskrippe erzählt das Leben Jesu von der Verkündigung bis zur Auferstehung. Eindrucksvoll ist die über 70 Quadratmeter große, begehbare Krippe mit lebensgroßen Holzfiguren. Untermalt wird der Rundgang von atmosphärischen Licht- und Klangspielen. In einem eigenen Ausstellungsraum wird eine große Auswahl an historischen Masken präsentiert. Und im angrenzenden Geschäft kann man aus einem großen Sortiment von Geschenkartikeln auswählen.

▶ Die antike Kunst der Schafwollgewinnung und -verarbeitung wird im Schafwollmuseum im Winkelweg 2 in Sand in Taufers anschaulich dargestellt. Tel. 04 74/67 95 81. Mo–Sa 15–18 Uhr, Di Führungen

Volkskunst & Krippen – Museum Maranatha · Südtiroler Kunsthandwerk · Weißenbachstr. 17
39030 Luttach · Tel. 04 74/67 16 82 · Mo–Sa 9–12 und 14–18, So 14–17 Uhr
www.krippenmuseum.com

20 Mit Pfeil und Bogen durch den Wald

Sport, Spaß und Abenteuer in freier Natur sowie außergewöhnliche Erlebnisse, das verspricht der Kron-Arc-Adventure-Park bei der Sportzone Panorama in Olang. Egal, ob Jung oder Alt, Anfänger oder Profi, jeder kann hier mitmachen. Nach einer Einführung ins Bogenschießen geht's ans Üben und Perfektionieren. Dann lädt der 3-D-Bogenparcours in ein herrliches Waldgebiet ein: 28 Zielobjekte erwarten die Teilnehmer. Zum Schluss wird der beste Schütze ermittelt. Im KidsFun-Camp garantieren Dirtboards, Grasskier und Bikes Nervenkitzel und jede Menge Spaß. Der Tubing Park lädt zum Rutschvergnügen auf luftgepolsterten Reifen ein – ein grandioser Spaß auch für kleine Kinder.

Kron-Arc-Adventure · Rodelbahnweg · 39030 Olang · Tel. 34 55 38 39 30 · www.kron-arc.com

21 Kunstgenuss in der St. Georgskirche in Taisten

Die St. Georgskirche in Taisten zählt zu den ältesten Kirchen des Hochpustertals. Sie wurde um 800 als Wehrburg und Weihestätte erbaut. Beim Umbau um 1450 blieben die halbrunde romanische Apsis und der quadratische Grundriss erhalten. Zwei Meister der Spätgotik, Leonhard von Brixen und Simon von Taisten, haben die Kirche mit einmaligen, noch gut erhaltenen Fresken geschmückt. Das Bildnis Mariens mit den Heiligen und die Wandmalereien am Chorbogen werden Simon von Taisten (1450/1455–1515) zugeschrieben. Meister Leonhard gestaltete die Verkündigungsszene in der unteren Apsis. Eine ältere und eine jüngere Christophorus-Abbildung schmücken die Außenwand.

Führungen: Mai–Okt · Mi um 9.30 Uhr – Anmeldung: Tourismusbüro Taisten
Sonnenstr. 26 · Tel. 04 74/95 00 00 · www.welsberg-taisten.net

Ein besonderes Erlebnis: Bogenschießen in freier Natur
Eine der ältesten Kirchen des Hochpustertals: St. Georg in Taisten

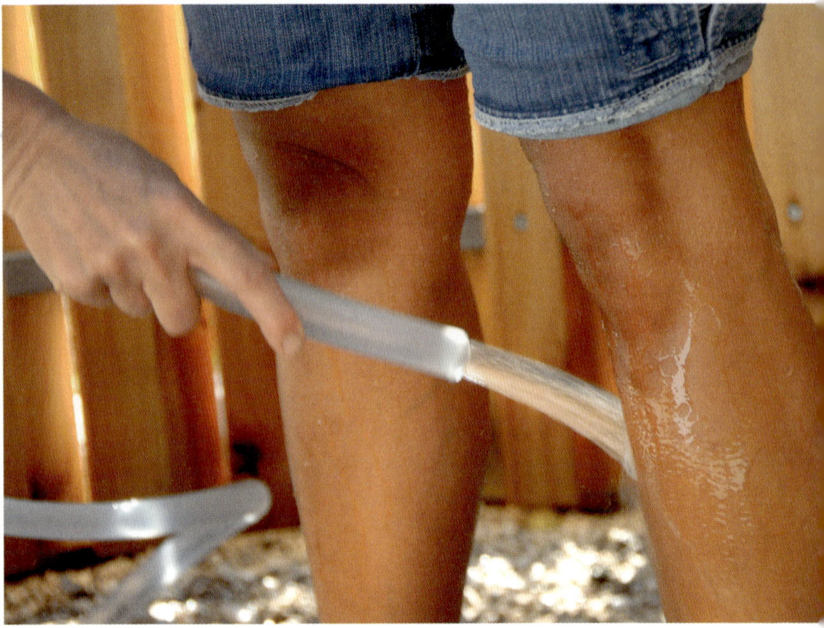

Wohltuendes Nass im Kneipp-Erlebniszentrum in Niederdorf.
Ins Glas gefüllt: das Beste aus den Früchten der Alpen

Kneippen im Kurpark von Niederdorf

22

Barfuß durch das 9 Grad kalte Wasser des Baches laufen – da kommt der Kreislauf wieder richtig in Schwung! Im Kurpark von Niederdorf befindet sich eine der idyllischsten Kneipp-Anlagen des Alpenraums. Das Dorf ist das erste zertifizierte »Kneipp für mich® Erlebnisdorf« in Italien.

Das Zentrum bietet alles, was man zum richtigen Kneippen nach dem 1821 in Ottobeuren in Bayern geborenen Kurpfarrer Sebastian Kneipp braucht: Wasser- und Tautreten, Fußbad, Lehmpackungen, Arm- und Gesichtsbecken, Trinkpavillon und Barfußweg. Die Kraft des Wassers bringt Körper, Geist und Seele in Einklang. Im Sommer werden Kneippkurse und geführte Kneipp-Wanderungen angeboten.

Kontakt: Tourismusverein Niederdorf · Bahnhofstr. 3 · 39039 Niederdorf · Tel. 04 74/74 51 36
www.niederdorf.org

Edle Fruchtaufstriche aus dem Pragsertal

23

»So viel wie möglich Frucht soll ins Glas – und das von bester Qualität«, das ist die Philosophie und das Geheimnis von Alpe Pragas, der Pragser Manufaktur von Stefan Gruber. Nur die besten Früchte kommen in die Fruchtaufstriche, Chutneys, Sirupe und Smoothies. Mindestens 70 Prozent beträgt der Fruchtanteil. Farb-, Aroma- oder Konservierungsstoffe sind tabu. Das Ergebnis: mehr Frucht, Frische und Natürlichkeit.

Die neue Produktionsstätte mit Shop in Außerprags ist ein gelungenes architektonisches Gesamtkunstwerk, in dem Südtiroler Materialien wie Holz, Stein und Lodenstoffe das Bild bestimmen. Ein Genuss – nicht nur für den Gaumen, sondern auch für das Auge.

Alpe Pragas · Außerprags 38 · 39030 Prags · Tel. 04 74/74 94 00
Shop: Mo–Fr 8–12 und 13–18, Sa 9–12.30 und 13.30–18 Uhr · www.alpepragas.com

Einmaliges Weltnaturerbe Dolomiten: Kletterer an der kleinen Cirspitze, im Hintergrund das Grödner Joch und der Sellastock

24 Ein Stück unberührtes Südtirol: das Gsiesertal

Das sonnige Seitental des Pustertales hat viel von seinem ursprünglichen, natürlichen Charme bewahrt. Es bietet viel Natur und eine noch weitgehend intakte, über Jahrhunderte von Bauern geprägte Kulturlandschaft. Beste Voraussetzungen auf der Suche nach Ruhe, Entspannung und Erholung.

Das knapp 20 Kilometer lange Gsiesertal zweigt bei Welsberg gegen Norden hin ab, reicht bis auf 2837 Meter Höhe und wird von den Ausläufern der Rieserfernergruppe und der Defreggeralpen eingerahmt. 2300 Einwohner zählt das Tal mit seinen drei einladenden Ortschaften. Das erste Dorf im Tal ist Pichl. In Außerpichl steht die Pfarrkirche zum Heiligen Nikolaus. St. Martin ist das mittlere der drei Dörfer und liegt auf 1300 Metern Höhe. St. Magdalena mit seinen malerischen Bauernhöfen liegt am Ende des Tals, 16 Kilometer von Welsberg entfernt. Die letzten Höfe befinden sich auf 1530 Metern. Von hier aus gelangt man auf die verschiedenen Almen, über das Gsieser Törl ins Defreggental sowie ins benachbarte Villgratental in Osttirol (Österreich).

Land- und Almwirtschaft spielen im Tal noch heute eine große Rolle. Nach wie vor werden viele Almen in Höhenlagen ab 1700 bis über 2000 Meter bewirtschaftet. Die meisten sind über Forstwege mit Fahrzeugen erreichbar. Einige Almhütten sind ganzjährig bewirtschaftet und laden die Wanderer zur Einkehr und zu traditionellen Speisen ein: Knödel mit Gulasch, Schlutzkrapfen, Gerstesuppe mit Tirtlan, Kartoffelplattlan mit Kraut, Apfelstrudel und Strauben … Das Gsieser Almhüttenfest im September ist zu einer beliebten Tradition geworden. Im Februar lockt der Skimarathon Gsiesertal Lauf Sportler aus über 30 Nationen an den Start.

Das Bauernhofmuseum Voadohuibn in St. Magdalena ermöglicht Einblicke in das einstige Leben auf einem Bergbauernhof. Alte Werkzeuge und Geräte verdeutlichen die mühselige Arbeit der Bauern. Es werden Führungen angeboten, und die alte Stube kann man für ein Mittagessen mit traditionellen Gerichten reservieren.

Infos: Tourismusverein Gsieser Tal · St. Martin 10a · 39030 Gsieser Tal · Tel. 04 74/97 84 36
Mo–Fr 8–12 Uhr · www.gsieser-tal.eu · **Bauernhofmuseum Voadahuibn** · Bergerstr. 41
39030 St. Magdalena/ Gsies · Tel. 04 74/94 80 65 · www.voadohuibn.com

Bis auf 1530 Meter hinauf stehen die alten, mächtigen Bauernhöfe im Gsiesertal.
Das Edelweiß: Symbolblume der Dolomiten und Sinnbild für unverfälschte Natur

Das Fremdenverkehrsmuseum im Haus Wassermann in Niederdorf
Emma Hellenstainer: außergewöhnliche Gastfreundschaft und touristischer Pioniergeist

Frau Emma – Tirols berühmteste Wirtin

25

»Frau Emma – Europa« – die solchermaßen adressierte Postkarte aus England erreichte vor 150 Jahren ohne Probleme ihre Adressatin: die berühmteste Wirtin Tirols. Emma Hellenstainer (1818–1904) verdankt ihren legendären Ruf ihrer außergewöhnlichen Gastfreundschaft und ihrem touristischen Pioniergeist.

Als Tochter eines Kaufmanns und Wirts in St. Johann in Tirol erhielt die geborene Emma Hausbacher eine gründliche Ausbildung. Als ihrer Mutter der Bräugasthof in Toblach zufiel, übernahm ihn die Zwanzigjährige. 1842 heiratete Emma den Niederdorfer Postmeistersohn Joseph Hellenstainer und übernahm das Familienwirtshaus Zum Schwarzen Adler.

Frau Emma verfeinerte die bodenständige Pustertaler Kost mit Gerichten aus der Donaumonarchie, verbesserte die Ausstattung der Zimmer, gründete 1869 die Alpenvereinssektion Hochpustertal und wurde das erste weibliche Mitglied. Die 1871 eröffnete Pustertaler Bahn zog neue Gästeschichten an. Im Schwarzen Adler verkehrte schon bald der Wiener Hochadel: Kaiser Franz Joseph I. und Kaiserin Sisi, Thronfolger Franz Ferdinand und Graf Esterhazy von Ungarn zählten zu den berühmten Gästen, die die vorzüglichen Kochkünste und die Gastfreundschaft zu schätzen wussten. Frau Emma, wie sie mittlerweile von allen genannt wurde, zog Gäste aus aller Welt ins Hochpustertal. Kaiser Franz Joseph I. würdigte die Verdienste der mittlerweile »weltbekannten Frau Emma« durch die Verleihung des Goldenen Verdienstkreuzes.

Noch heute führen ihre Nachkommen renommierte Hotels wie das Hotel Pragser Wildsee oder das Hotel Elephant in Brixen. Das Fremdenverkehrsmuseum im geschichtsträchtigen Haus Wassermann in Niederdorf dokumentiert die Geschichte des Tourismus im Hochpustertal: die Bedeutung der Wirtshäuser und der Bäder, den Bau der Pustertaler Eisenbahnlinie und den frühen Alpinismus in der Region. Darüber hinaus wird eine kuriose Ausstellung gezeigt: eine 18 000 Exponate umfassende Sammlung von Sterbebildern.

Fremdenverkehrsmuseum Haus Wassermann · Tel. 04 74/74 06 61 · Hans-Wassermann-Str. 8
39039 Niederdorf · Juni–Sept. Di–So, 16–19 Uhr · www.niederdorf.eu

26 Das Komponierhäuschen von Gustav Mahler

Ein »magischer Ort in bizarrer Umgebung«. Das originalgetreu erhaltene Komponierhäuschen befindet sich mitten im Wildpark von Altschluderbach in Toblach. Hier hat der böhmische Komponist Gustav Mahler (1860–1911) in den Sommermonaten von 1908 bis 1910 einige seiner größten Werke geschaffen.

Während einer besonders schwierigen Lebensphase verbrachte Gustav Mahler seinen Sommerurlaub im Trenkerhof in Altschluderbach. Nach dem Rauswurf aus der Wiener Hofoper fand Mahler hier einen Rückzugsort. »Ein großes Bauernhaus außerhalb des Ortes, etwas primitiv, aber herrlich gelegen … Das nahmen wir sofort für den Sommer und übersiedelten alle nach Toblach«, vermerkte Alma Mahler in ihren Aufzeichnungen.

»Hier ist es herrlich und ich würde es genießen, wie ein Paradies, wenn diese ekelhaft lärmende Umgebung nicht wäre, die einen gerade zum Menschenfeind machen müsste«, beschwerte sich der prominente Gast. Auf der Suche nach absoluter Ruhe für sein Schaffen ließ Mahler fünf Minuten vom Hause entfernt, in einem stillen Fichtenwäldchen, eine einfache, schlichte Arbeitsstätte aus Holz errichten, sein Komponierhäuschen. »Hier verbrachte er den größten Teil des Tages und durfte von niemandem, selbst von seiner Frau nicht, gestört werden«, erinnerte sich Marianna Trenker. Das Häuschen musste in einem Umkreis von einem Kilometer mit einem eineinhalb Meter hohen Zaun geschützt werden. Gustav Mahler komponierte hier – in einer neuartigen Klangsprache rund um die zentralen Themen Abschied und Tod – seine drei letzten großen Werke: das Lied von der Erde (»das wohl Persönlichste, was ich bis jetzt gemacht habe«), die Neunte Symphonie (1909) und seine unvollendete Zehnte Symphonie (1910).

▶ Im Jahr 1981 fand 1. Musikwoche in memoriam Gustav Mahler in Toblach statt. Heute hat das europäische Musikfestival einen festen Platz im internationalen Musikkalender. www.kulturzentrum-toblach.eu/gustav-mahler-musikwochen

Gustav-Mahler-Komponierhäuschen · Wildpark Toblach · Tel. 04 74/97 23 47
Sommer 9–18, Winter 9.30–17 Uhr · www.gustavmahlerstube.com
Tourismusverein Toblach · Tel. 04 74/97 21 32 · www.toblach.bz

Wo einst Musikgeschichte geschrieben wurde, grasen heute Hirsche und Wildschweine.
Das Gustav-Mahler-Denkmal im Ortszentrum von Toblach

Die barocke Pfarrkirche von Toblach ist der Ausgangspunkt für Tirols ältesten Kreuzweg.
Gotische Sandsteinreliefs mit dem Leidensweg Christi schmücken die einzelnen Stationen.

Der älteste Kreuzweg von Tirol

27

Der älteste Kreuzweg Tirols, einst ein viel begangener Wallfahrtsweg, beginnt an der Toblacher Pfarrkirche, führt an fünf Passionskapellen entlang und endet an der Rundkapelle in Lerschach. Auch wenn die gotischen Steinreliefs heute etwas verwittert wirken, Tirols ältester Kreuzweg ist für Kunstliebhaber ein Muss.

Kaiser Maximilian I., »der letzte Ritter« an der Schwelle zwischen Mittelalter und Neuzeit, führte zwischen 1508 und 1511 Krieg gegen die Republik Venedig. Die Herbstenburg in Toblach, im Grenzgebiet zwischen mitteleuropäischem und mediterranem Gebiet, diente dem Kaiser als Hofquartier. Von Toblach aus über das Höhlensteintal nach Cortina unternahm er mehrere Vorstöße und eroberte nach längerer Belagerung die Burg Peutelstein, den nördlichsten Stützpunkt Venedigs. Christoph von Herbst wurde zum Hauptmann von Peutelstein ernannt. Auf ausdrücklichen Wunsch Maximilians errichtete er gemeinsam mit seinem Bruder Kaspar als Dank für den Sieg im Jahr 1519 in Toblach einen Kreuzweg mit fünf Kapellen und die Lerschach-Kirche. Tirols ältester Kreuzweg nimmt bei der Pfarrkirche in Toblach seinen Anfang. Die erste der insgesamt fünf Kapellen steht an der heutigen Friedhofsmauer und ist mit einem gotischen Sandsteinrelief des Leidenswegs Christi geschmückt. Das Wappen der Brüder Herbst sowie der Sitz der Erbauer, die Herbstenburg, sind ebenfalls auf der Kapelle abgebildet. Endpunkt – des früher als Wallfahrt viel besuchten Kreuzwegs auf dem Weg nach Innichen – ist die auf dem Victoria-Hügel am Toblacher Feld gelegene, weithin sichtbare Rundkapelle zum Heiligen Josef in Lerschach, die letzte mittelalterliche »Grabeskirche« Tirols. Die eindrucksvolle Kapelle wurde auf den Resten einer romanischen Kirche errichtet. Die Kapelle hat ein feines spätgotisches Stichkappengewölbe mit zierlicher Dekorationsmalerei und Wappen und enthält eine Nachbildung des Heiligen Grabes von Jerusalem. Am Victoriabichl soll der Bajuwarenherzog Garibald II. nach langen Kämpfen um 610 die Wenden besiegt haben.

Tourismusverein Toblach · Dolomitenstr. 3 · 39034 Toblach · Tel. 04 74/97 21 32 · www.toblach.bz

Der Krampus gehört im gesamten Alpenraum untrennbar zum Adventsbrauchtum.

»Foir Toifl Tobla« – furchterregende Gesellen

28

In vielen Ortschaften Südtirols finden Anfang Dezember schaurige Krampusumzüge statt. Der älteste und größte geht im Hochpustertal über die Bühne, in Toblach. Organisiert wird er mittlerweile von einem eigenen Verein, den »Foir Toifl Tobla«, was so viel wie »Feuer-Teufel-Toblach« bedeutet.

Wenn die Tage kürzer und die Nächte immer länger und dunkler werden, kommt die Zeit der Krampusse, dieser teuflischen Schreckgestalten. Der Brauch ist heidnischen Ursprungs: Die wilden Gestalten sollten mit Glockenlärm und Geschrei die Kältegeister aus den Wäldern locken. Der Krampus ist im gesamten Alpenraum bekannt und gehört untrennbar zum Adventsbrauchtum dazu. Der Nikolaus, den die Furcht einflößenden Gestalten begleiten, und der die braven Kinder mit Süßigkeiten beschenkt, kam erst viel später hinzu.

▶ In Südtirol werden derlei Traditionen mit besonderer Sorgfalt gepflegt. Am Vorabend des 6. Dezember finden daher in vielen Orten Krampus- und Nikolausumzüge statt. www.suedtirol.com

Heute versammeln sich bei Anbruch der Dunkelheit Hunderte Krampusse und ungeheuerliche Gestalten in Toblach. Sie tragen kunstvoll geschnitzte Holzmasken mit furchterregenden Fratzen mit Ziegenbock-, Steinbock- oder gewundenen Widderhörnern, roten Zungen, zotteligen Fellkostümen und schweren Glocken, mit denen sie wild lärmend und mit höllischem Spektakel durch die Straßen ziehen – auf der Suche nach unartigen Kindern und Erwachsenen. Für weniger mutige Zuschauer und vor allem für die Kinder gibt es eine »Krampus-freie Zone«, zum sicheren Beobachten des ausgelassenen Treibens.

Wenn sich der Umzug nach mehreren Stunden dem Ende zuneigt, tritt auch der Nikolaus in Erscheinung. Die braven und mutigen Kinder, die sich von den wilden Gestalten nicht haben abschrecken lassen, bekommen zur Belohnung ein kleines Geschenk. Die besten und originellsten »Toifl«-Masken werden prämiert.

Tourismusverein Toblach · Tel. 04 74/ 97 21 32 · Juli, Aug. Mo–Fr 8.30–19, Sa 8.30–12.30 und 14–18, So 10–12, Sept.–Juni Mo–Fr 9–12.30 und 15–18, Sa 9–12 Uhr · www.toblach.bz

Auf die richtige Hitze kommt es an: Bernhard Feichter heizt seinen Backofen ein.
Das »Zigainerkraut« gibt dem traditionellen Pustertaler Roggenbrot seinen unverwechselbaren Geschmack.

Biobrot, »Zigainerkraut« und Dinkelspelzkissen

29

Bernhard Feichter backt in seinem Holzofen jeden Dienstag und Freitag ein ganz besonderes Brot: aus eigenem bio-dynamisch angebautem Getreide nach alten Rezepten und mit besonderen Zutaten. Ab 10 Uhr stehen an diesen beiden Tagen die Kunden im Hofladen des Feichterhofs im Toblacher Dorfzentrum Schlange.

Bernhard und Christl Feichter haben sich schon vor Jahrzehnten der Philosophie Rudolf Steiners, der bio-dynamischen Landwirtschaft und dem Anbau und der Verarbeitung von biologischen Produkten verschrieben – aus Überzeugung und mit viel Engagement und Pioniergeist. Wenn der Demeter-Bauer beim Philosophieren über sein Verhältnis zur Natur, über gesunde Nahrungsmittel und die gemeinsame Zukunft in Fahrt kommt, kann ihn niemand bremsen. Zu verwurzelt ist er in seiner Arbeit, zu überzeugt von seinen Visionen. Der Erfolg gibt ihm recht. An so manchen Tagen kommt er mit dem Brotbacken nicht nach, und seine Kunden müssen mit leeren Taschen heimkehren.

Gott sei Dank bieten die Feichters in ihrem Hofladen neben Brot auch hofeigene Demeter-Produkte an: Gerste, Dinkel, Kartoffeln, Gemüse der Saison und Natursäfte. Das Saatgut ist selbst gezüchtet, an die lokalen Witterungsverhältnisse angepasst und besonders widerstandsfähig. Das Getreide wird in der hauseigenen Natursteinmühle zu Mehl vermahlen. Feichters »helles Hausbrot« hat kürzlich beim ersten Wettbewerb »Premio Nazionale Pane biologico« als bestes Biobrot Italiens den ersten Platz erreicht.

▶ Echten Südtiroler Graukäse sowie Sauerrahmbutter produziert die Familie Weitlaner in der Hofkäserei Veiderhof. Hieblerweg 1, 39038 Vierschach/Innichen, Tel. 04 74/91 00 32

Eine Rarität ist das »Zigainerkraut«, welches man hier auch auch Brotklee nennt, das neben Fenchel, Kümmel und Koriander zu den beliebten Südtiroler Brotgewürzen zählt und dem traditionellen Roggenbrot (Schüttelbrot, Puschtra-Breatln und Vinschger-Paarln) seinen unverwechselbaren, aromatischen Geschmack verleiht.

Feichterhof · Zipfanger Str. 1 · 39034 Toblach · Tel. 04 74/97 23 24
Hofladen Di, Mi, Fr, Sa 9–19 Uhr · www.brotklee.it

30 Der schönste romanische Sakralbau in den Ostalpen

Im Jahr 769 gründete der bayrische Herzog Tassilo III. das Benediktinerkloster zum Hl. Candidus in Innichen. 1143 wurde dieses in ein Kollegiatstift umgewandelt, und man begann mit dem Bau einer neuen Kirche. Seine heutige Gestalt bekam der schönste romanische Sakralbau in den Ostalpen erst um 1280.

Auf den ersten Blick erinnert das monumentale Bauwerk an die mittelalterlichen Burgen aus der Zeit der Stauferkaiser und an die Architektur der Kreuzritterfestungen. Die Stiftskirche von Innichen sollte eine ebenso starke Burg Gottes werden. Erbaut wurde die dreischiffige Basilika mit Vierungskuppel und drei Apsiden unter Mitwirkung lombardischer Baumeister. Der Grundriss hat die Form eines lateinischen Kreuzes.

▶ Von Mitte Juni bis Mitte September finden wöchentlich kunsthistorische Führungen durch die Stiftskirche und die daneben liegende Pfarrkirche zum Hl. Michael statt.

Wegen ihrer schlichten, auf das Wesentliche reduzierten Eleganz, trägt die Kirche auch den Beinamen »Dom von Innichen«. Im Inneren befinden sich einige wertvolle, sehenswerte Kunstschätze. Beim Betreten sticht gleich die Kreuzigungsgruppe mit dem mächtigen Kruzifix im Altarraum ins Auge – ein Meisterwerk romanischer Bildhauerkunst. 2,20 Meter hoch ist der gekrönte »Große Herrgott von Innichen«, der gemeinsam mit Maria und Johannes um 1220 von einheimischen Künstlern geschaffen wurde. Seit Jahrhunderten ist das Kreuz bereits ein Ziel vieler Pilger aus nah und fern. Sehenswert sind außerdem die freigelegten spätromanischen Fresken in der polygonalen Kuppel. Sie zeigen Szenen aus der Schöpfungsgeschichte.

Die stimmungsvolle Krypta unter dem heutigen Chor stammt aus dem älteren Vorgängerbau um das Jahr 1000. Am romanischen Südportal befinden sich ein Christusrelief und Fresken von Michael Pacher, die Candidus und Korbinian sowie Kaiser Otto I., den Gründer des Stifts Freising, zu dem Innichen früher gehörte, darstellen.

Stiftskirche · Via Atto 1 · 39038 Innichen · tgl. 8–18 Uhr · Informationen und Anmeldung für Führungen: Tourismusverein Innichen · Pflegplatz 1 · 39038 Innichen · Tel. 04 74/91 31 49
www.innichen.net

ie Kreuzigungsgruppe im Altarraum mit dem mächtigen Kruzifix ist ein Meisterwerk romanischer Bildhauerkunst.

Markus Holzer: innovativ, spannend und anregend verrückt …

Ein Pasta-König am Fuße des Haunold

31

Markus Holzers Spezialität ist Pasta – in allen Variationen; innovativ und spannend zubereitet. In seinem Restaurant Jora Mountain Dining am Fuße des Haunold, oberhalb von Innichen, verbindet der quirlige Küchenchef alpine und mediterrane Küche auf kreative Weise zu einer kulinarischen Symbiose.

In Italien fällt Markus Holzer vor allem als Fernsehkoch auf. In der RAI 1-Sendung »La prova del cuoco« tritt er als Profikoch live gegen Hobbyköche an. Den Titel Pasta-König hat er sich aber vor allem durch sein Buch *Pasta on the Rocks – Geheimnisse des Mountain Dining* mit 75 ungewöhnlichen Pastakreationen und -rezepten erworben.

Zu Hause bekocht der ambitionierte Koch die Gäste in seinem Restaurant direkt an der Skipiste am Fuß des knapp 3000 Meter hohen Haunold. Die urige Jora-Hütte bietet bis zu 60 Personen Platz, auf der Sonnenterrasse noch einmal so vielen. Jeden Donnerstag wird zum Pastaabend mit einem sechsgängigen Pastamenü und Dessertbüfett und jeden Samstag zum Mountain Dining Gourmetabend geladen.

Wie kommt ein Mann aus den Bergen dazu, mehr italienische Pasta zu kochen als Tiroler Knödel? »Weil ich sie für mein Leben gern esse«, erklärt Markus Holzer. »Darüber, wie man Pasta isst, herrschen aber vollkommen unterschiedliche Ansichten. In Italien ist Pasta prinzipiell eine Vorspeise, al dente zubereitet und niemals eine Sättigungsbeilage. In der Küche aber sind die Grenzen fließend.«

Zu seinen kulinarischen Kreationen gehören Buchweizen-Tagliolini mit Hirschcarpaccio und Zuckerschoten, Minze-Maccheroni mit Golden-Gel-Käse und Speck, Rohnen-Strigoli mit gebeizter Forelle und Zucchiniblüte, Schwarzbrotnudeln mit Speck, Lauch und Graukäse, Dinkel-Schlutzkrapfen mit Brennnesselfüllung und Holunderblüten, Lasagne mit Bratwurst und Rucola, Gnocchi mit Garnelen, Zucchini und Kresse … Nach all den kulinarischen Genüssen tut der 20-minütige Fußmarsch hinunter zum Parkplatz so richtig gut.

Restaurant Jora Mountain Dining · Markus Holzer · Via Pascolo 6 · 39038 Innichen
Tel. 33 56 56 12 56 · www.jora.it

32 Wohnabenteuer im Luxus-Baumhaus

Abenteuer pur oder Erfüllung eines Kindheitstraums? Im Caravan Park im hintersten Sextener Tal lässt sich beides verwirklichen – auf exklusive Art. Die Luxus-Baumhäuser bieten ihren Gästen 35 Quadratmeter Abgeschiedenheit auf gut 3,5 Metern über dem Boden – inklusive Erlebnisdusche, Whirlpool und Sauna.

Harmonie mit der Natur verbindet sich hier mit exklusivem Komfort. Liebe zum Detail und Respekt für die Umwelt prägen das Ambiente in luftiger Höhe. Ein gesundes Raumklima, ästhetisches Design, natürliche Materialien und ungetrübte Privatsphäre sorgen für einen angenehmen Aufenthalt. Die Baumhäuser bieten Ruhe, Abgeschiedenheit und eine herrliche Aussicht auf die idyllische Umgebung am Fuße der Rotwand inmitten der Sextner Dolomiten – beste Voraussetzungen für einen entspannten Urlaub zu zweit, romantisch und einmal ganz anders.

▶ Der Verein Bellum Aquilarum bietet im Sommer mehrmals wöchentlich geführte historische Wanderungen zum Freilichtmuseum 1. Weltkrieg auf der Rotwand an. www.bellumaquilarum.it

Der Fünf-Sterne-Campingplatz in Sexten bietet aber auch sonst höchsten Komfort und jeden nur erdenklichen Luxus – eingebettet in die einmalige Naturkulisse des Dolomiten-UNESCO-Welterbes. Großzügige Stellplätze, einladende Lodges und heimelige Chalets laden zum Campingabenteuer ein. Mehrere Gourmetrestaurants mit Taverne, Weinkeller und Bauernstadel verwöhnen die Gäste, und auch das Wellnessangebot lässt nichts zu wünschen übrig.

Das Caravan-Erlebnispaket-Angebot Baumhaus umfasst nicht nur einen Tag im Baumhaus, sondern auch eine Flasche Champagner und einen Obstkorb, einen romantischen Abend bei einem Vier-Gänge-Menü im Restaurant Patzenfeld inklusive Weinbegleitung und ein Schlemmer-Frühstück am Morgen. Neben der eigenen Wellnessoase im Baumhaus kann auch die Wellnessanlage des Caravan Park Sexten mit Schwimmbad und zwölf Saunen benutzt werden.

Caravan Park Sexten & Mountain Resort Patzenfeld · St.-Josef-Str. 54 · 39030 Sexten/Moos
Tel. 04 74/71 04 44 · www.caravanparksexten.it

Ruhe, Abgeschiedenheit und eine herrliche Aussicht – all dies bieten die Baumhäuser im Caravan Park. Die eigene Wellnessoase gehört im Baumhaus zum selbstverständlichen Luxus.

Birgitta Puustinen und Mitarbeiterin laden in ihren »Banco 11« ein.
Bozens kreative Gourmetszene überrascht mit regem Treiben.

33

Piccoli peccati di gola – kleine Gaumensünden

In einer etwas versteckten Ecke in der Bozner Altstadt überrascht Bozens kreative Gourmetszene. Sie beginnt bei der immer dicht gefüllten Osteria Dai Carrettai (Zum Karrner), geht weiter zur originellen Straßenkneipe des Cartoonkünstlers Cobo und mündet im Bozner Obstmarkt, wo sich ein Lokal an das andere reiht.

In dieser Ecke Bozens herrscht rund um die Uhr reges Treiben. Vor allem in den Abend- und Nachtstunden hat sich im Viertel rund um den Obstmarkt ein buntes, unterhaltsames Leben entwickelt. Das »Dai Carrettai« in der Dr.-Streiter-Gasse mit seinen wenigen Holztischen und der besonderen Atmosphäre zieht Einheimische genauso an wie Gäste. Hier zapft sich jeder ganz unkompliziert seinen Wein und sein Wasser selbst, bedient sich an der Theke an herzhaften Häppchen und leckeren Bruschette – eine »gelungene Mischung aus alpiner Volkstümlichkeit und mediterraner Dolce Vita. Vor dem Aufbruch wird an der Theke bezahlt: Den Überblick über das Konsumierte hat der Gast, die Rechnung stellt der Wirt aus.

Zwei Schritte, Richtung Obstmarkt, gibt es auch in der Freiluftkneipe und Open-Air-Weinbar Fischbänke einiges Gedränge. Lebenskünstler Cobo mit seiner grauen Künstlermähne bedient an den Marmortheken, auf denen früher einmal Fisch gehandelt wurde, im Freien seine Gäste. Ein paar große Sonnenschirme schützen vor Sonne und Regen. Jeder freie Platz ist mit Sprüchen und Cartoons vom Hausherrn tapeziert – eine wohltuend stressfreie Oase mit mediterranem Flair, mitten in Bozen.

▶ Nach einem Bummel über den Obstmarkt darf ein Besuch im weltweit berühmten Ötzi-Museum, beim Mann aus dem Eis, in der angrenzenden Museumsstraße nicht fehlen. Südtiroler Archäologiemuseum, Museumsstr. 43, 39100 Bozen, Tel. 04 71/32 01 00, Di–So 10–18 Uhr www.iceman.it

Eine beliebte Adresse direkt am angrenzenden Obstmarkt ist Banco 11. In ihrer einladenden kleinen Vinothek serviert die gebürtige Finnin Birgitta Puustinen ausgefallene Aperitifs und beste Weine in großer Auswahl.

Osteria Dai Carrettai · Dr.-Streiter-Gasse 20b · Tel. 04 71/97 05 58
Fischbänke · Dr.-Streiter-Gasse 30
Banco 11 · Obstplatz 11 · Tel. 04 71/92 28 45

Das historische Batzenhäusl entwickelte sich zum urigen Bozen-Stadtbrauhaus.
Bobo Widmann machte das Wirtshaus zu einem beliebten Treffpunkt für Jung und Alt.

Im ältesten Wirtshaus von Bozen

34

Vom Buschenschank zur Künstlerkneipe und zum Wirtshaus mit Biermanufaktur: Die Geschichte des ältesten Wirtshauses von Bozen beginnt vor über 600 Jahren als Wirtshausschenke. 1756 wird der Name Batzenhäusl erstmals urkundlich erwähnt: Die Maß Wein kostete einen Batzen (vier Kreuzer).

1882 richten die Besitzer im Obergeschoss des Batzenhäusl das Künstlerstübele ein. Die Stuben werden zum geselligen Zentrum und zum Zechraum des Bozner Bürgertums und schon bald auch zum Treffpunkt der Künstlerzunft – und gelangen damit zu internationalem Ruhm. Bekannte Maler wie Franz Defregger und später Albin Egger-Lienz tragen dazu bei und legen den Grundstock für eine großartige Gemäldesammlung.

Heute erlebt das Batzenhäusl als Wirtshaus mit Biermanufaktur eine neue Blütezeit. Im Jahr 2002 übernahm Robert Bobo Widmann das Lokal, entwickelte es bedacht weiter, ergänzte es harmonisch mit einem großen Biergarten und dem modernen »Batzen Sudwerk«. Die eigene Biermanufaktur mit dem vor Ort gebrauten Batzen-Bier – dem vollmundigen Batzen Hell nach Wiener Art, der herrlich erfrischenden Batzen Weiße und dem cremigen Batzen Dunkel – trug das ihre dazu bei, und das Batzenhäusl entwickelte sich zum urigen Stadtbrauhaus. Zu besonderen Festen und Feiern lässt Batzen-Wirt Bobo einen alten Brauch wieder aufleben: Für einen Batzen gibt's dann ein frisch gezapftes Batzen.

Die neue Kulturwerkstatt Batzen Sudwerk im Keller unter dem Biergarten mit hundert Sitzplätzen und echter Club-Atmosphäre lädt zu einem vielfältigen Kulturprogramm mit wöchentlichen Konzerten, Theater, Kabarett und Tanz, Lesungen, Poetry Slams und Workshops ein.

Aber auch außerhalb von Bozen erlebt die Bierkultur im Weinland Südtirol in den letzten Jahren einen richtigen Aufschwung: Acht Wirtshäuser lassen mittlerweile die alte Handwerkstradition des Bierbrauens wieder aufleben. Ein frisch gezapftes, hausgebrautes Bier schmeckt auch mal zwischendurch.

Batzenhäusl · Andreas-Hofer-Str. 30 · 39100 Bozen · Tel. 04 71/05 09 50
tgl. von 11–1 Uhr · www.batzen.it

Ein Ort der Stille: die alte Grieser Pfarrkirche »Unsere Liebe Frau«
Der berühmte Flügelaltar von Michael Pacher aus der Zeit zwischen 1471–1475

Im ehemaligen Luftkurort Gries

35

Das ehemals ländlich geprägte Gries war bis 1925 eine eigene Gemeinde. Dann wurde der Luftkurort der Stadt Bozen zugeschrieben. Schmucke Villen, große Parks und Gärten prägen noch heute den besonderen Charme des Stadtviertels, dessen Zentrum der Grieser Platz mit dem Komplex der Benediktinerabtei Muri-Gries bildet.

Wenige Schritte vom Grieser Platz entfernt steht etwas versteckt die alte Grieser Pfarrkirche »Unsere Liebe Frau«. Der spätgotische Bau aus dem beginnenden 15. Jh. überrascht mit zwei außergewöhnlichen Kunstschätzen: In der an die Südseite des gotischen Chores angebauten Erasmuskapelle steht der berühmte Flügelaltar von Michael Pacher aus der Zeit zwischen 1471–1475. Der Marienkrönungsaltar ist ein wahres Kleinod spätgotischer Schnitzkunst. Der Südtiroler Maler und Bildschnitzer Michael Pacher war ein Meister der szenischen Darstellung unter Einbeziehung der Perspektive. Der Hl. Michael und der Hl. Erasmus, der Schutzheilige des Feuers, flankieren die gekrönte Gottesmutter im Kranze von vier musizierenden Engeln. Ein Juwel der romanischen Bildhauerkunst ist das romanische Holzkruzifix aus dem 13. Jh., das sogenannte Hepperger-Kreuz. Dort, wo heute die alte Kirche steht, befand sich bereits in römischer Zeit eine Siedlung mit der Bezeichnung »Cheller«, die später den Namen »Gries« – von den Sandschwemmböden der Talfer – erhielt. Die Grafen von Bozen errichteten gegen Ende des 11. Jh. einen befestigten Stützpunkt an der heutigen Stelle des Klosters. Der Hauptturm der damaligen Burg dient noch heute als Glockenturm der Kirche. 1407 zogen Augustiner-Chorherren in die Burganlage ein und bauten sie zum Kloster um. 1788 wurde die neue Barockkirche gebaut, und 1845 schlug die Geburtsstunde von Muri-Gries: Die aus ihrem Kloster Muri im Schweizer Kanton Aargau vertriebenen Benediktiner zogen in das Grieser Kloster ein.

▶ Direkt am Grieser Platz lädt das Hotel Post mit seiner bodenständigen, gutbürgerlichen Südtiroler Küche zur Einkehr. Freiheitsstr. 117, Tel. 04 71/27 90 00, www.hotel-post-gries.com

Alte Grieser Pfarrkirche · Martin-Knoller-Straße · 39100 Bozen · Tel. Pfarrbüro 04 71/28 30 89
April–Okt. Mo–Fr von 10.30–12 und 14.30–16 Uhr · Führungen nach Vereinbarung
Benediktinerkloster Muri-Gries · Grieser Platz 21 · Tel. 04 71/28 22 87 · www.muri-gries.it

36 Südtiroler Lagrein: rustikaler Charme und Charakter

Die typische Südtiroler Rebsorte Lagrein war lange Zeit ein Stiefkind der Südtiroler Weinwirtschaft. Doch kein Südtiroler Wein hat in den letzten Jahren so von sich reden gemacht und einen derartigen Wandel erlebt wie der Lagrein: Vom einstigen Verschnittwein hat er sich zum unumstrittenen Lokalmatador gemausert.

Gute Weine aus internationalen Rebsorten machen andere auch. Ein großer Lagrein aber wächst nur in Südtirols Weinbergen. Dieses Qualitätspotenzial haben Südtirols innovative Lagrein-Produzenten erkannt. Sorgfältiger Anbau in den richtigen Lagen, reduzierte Erntemengen und vor allem der richtige Ausbau des Weins im Keller haben dem Lagrein völlig neue Konturen gegeben. Erfolge und Auszeichnungen bei nationalen und internationalen Verkostungen haben dies in den letzten Jahren immer wieder bestätigt.

Der Lagrein ist die älteste autochthone Rebsorte Südtirols und wird seit über 600 Jahren hier angebaut. Bereits Kaiser Karl IV. erwähnt 1370 in seiner Weinordnung den »Lagreiner« als einen der »pesten Poczner« (besten Bozner) Weine. Am besten gedeiht der vollmundige und farbstoffreiche Lagrein in den warmen Ebenen im und um den Bozner Ortsteil Gries, auf den tiefgründigen und gut durchlüfteten Geröll- und Schuttböden von Talfer und Eisack. In der Landeshauptstadt befinden sich nach wie vor über 50 Prozent der Südtiroler Lagrein-Anbauflächen.

Den Lagrein gibt es heute in zwei verschiedenen Interpretationen auf dem Markt: als Südtiroler Lagrein und als Südtiroler Lagrein Kretzer. Die Rosé-Version präsentiert sich frisch und fruchtig, angenehm zart mit feinen Duftnoten, lebhaft, spritzig und anregend. Der Lagrein in seiner klassischen Version ist ein körperreicher, kräftiger Wein mit angenehm sortentypischem Bukett, dem leichten Duft von dunklen Waldbeeren, etwas Schokolade und Veilchen, herb-fruchtig im Gaumen, gehaltvoll und geschmeidig mit einem feinen, samtigen Aroma und weichen Gerbstoffen, mit Eleganz und Konzentration. Er passt vorzüglich zu Wild, dunklem Fleisch und gereiftem Käse.

Kellerei Bozen · Moritzingerweg 36 · Tel. 04 71/27 09 09
www.kellereibozen.com · **Klosterkellerei Muri-Gries** · Grieser Platz 21 · Tel. 04 71/28 22 87
www.muri-gries.com · **Ansitz Waldgries** · St. Justina 2 · Tel. 04 71/32 36 03 · www.waldgries.it

Christian Plattner vom Ansitz Waldgries prüft im tiefen Keller seinen Lagrein.

Das Musikfestival für Jazz und experimentelle Musik präsentiert sich alljährlich mit zahlreichen Stars aus der internationalen Musikszene mit mehr als 80 Auftritten.

37

Jugendlich frisch und vielseitig – Weltjazz in Südtirol

»Das Südtirol Jazzfestival Alto Adige hat sich international als Festival etabliert, das höchste Musikqualität an Orten bietet, die weltweit einzigartig sind«, freut sich Festival-Präsident Klaus Widmann. Vielversprechende junge Künstler spielen gemeinsam mit etablierten Stars der Szene und einheimischen Musikern.

1982 als Konzertreihe unter dem Namen »Jazz Summer« und später »Jazz & Other« in Bozen gegründet, entwickelte sich das Südtirol Jazzfestival Alto Adige zu einem internationalen Ereignis, das mittlerweile in ganz Südtirol und letzthin auch im Trentino und in Nordtirol unterwegs ist. Das Musikfestival für Jazz und experimentelle Musik findet alljährlich Ende Juni/Anfang Juli statt und präsentiert sich auch nach mehr als 30 Jahren jugendlich frisch und international – mit zahlreichen News aus der internationalen Musikszene, einigen Premieren und mehr als 80 Auftritten von Jazzkünstlern. Nach der traditionellen Eröffnung auf Schloss Sigmundskron startet das Festival seine Reise durch ganz Südtirol und macht halt an zahlreichen außergewöhnlichen Orten: auf Berghütten und Weingütern, in Parks und Gärten, in Seilbahnstationen und auf Almen, vor und in Felswänden. Zu den Highlights zählen die Konzerte am Waltherplatz in Bozen sowie jene beim Museion, dem Museum für Moderne Kunst, wo zeitgenössische Musik passend zum Ausstellungsprogramm geboten wird. Don Cherry war in Südtirol ebenso zu Gast wie Charlie Hadens, das Liberation Music Orchestra, die Randy Brecker Group, Carla Bley, Chick Corea, Art Blakey's Jazz Messengers, das Roscoe Mitchell Quartet, Pat Metheny, Collin Walcott, Gary Burton und viele andere.

Echte Clubatmosphäre und beste Jazzmusik aus aller Welt wird im Batzen Sudwerk im Batzenhäusl das ganze Jahr über geboten – mit der neuen Konzertreihe des Jazzfestivals unter dem Motto »Club Series«. Klaus Widmann möchte auf diese Weise allen Jazzliebhabern und Neugierigen das ganze Jahr über die Möglichkeit bieten, »Musik auf höchstem Niveau genießen zu können«.

Südtirol Jazzfestival Alto Adige · Laubengasse 46 · 39100 Bozen · Tel. 04 71/98 23 24
www.suedtiroljazzfestival.com

38 Laurin Bar: the place to be

Wer sich in Bozen zu einem ruhigen oder vertraulichen Gespräch treffen will, zu einem Aperitif in elegantem Ambiente, einfach zum Zeitunglesen in entspannter Atmosphäre oder zu erlesenen Jazzklängen – für den gibt es die Laurin Bar im gleichnamigen Hotel, zwei Schritte vom Bozner Bahnhof entfernt.

Im Winter sitzt man in der Laurin Bar am großen, offenen Kamin in eleganten Ledersesseln. Im Sommer lädt der gepflegte Hotelpark zu Cappuccino und Brioche am Morgen, zu einem Glas Südtirol Weiß oder einem anregenden Glas Sekt zu Mittag und zum Drink mit Freunden ein, um den Tag stilvoll ausklingen zu lassen … An jedem Freitagabend verwandelt sich die Bar in ein Szenelokal und in den Musiktreff Bozens: Livemusik mit internationalen Künstlern ist angesagt – das Laurin ist für Musikbegeisterte und Jazzliebhaber aus nah und fern der »place to be« der Jazzszene. Im Gästebuch des Laurin haben sich so manche Größen der Musikszene verewigt. Ein abwechslungsreiches Entertainment, besondere Events und Themenabende beleben aber auch darüber hinaus das gesellige Treiben vor Ort.

▶ Der nur wenige Meter entfernte Waltherplatz wird die »Gute Stube« der Stadt genannt. In seiner Mitte thront das 1889 aus weißem Laaser Marmor gemeißelte Walther-von-der-Vogelweide-Denkmal.

Die original Jugendstil-Fresken von Bruno Goldschmitt aus dem Jahr 1911 mit Szenen aus der berühmten Tiroler Sage von König Laurin und seinem Rosengarten – nach diesem ist auch das Hotel benannt – geben der Laurin Bar ein unverwechselbares Flair. Für den einstigen Konversationssaal, der heute die Laurin Bar beherbergt, schuf der Münchner Jugendstilmaler einen beeindruckenden Wandfries.

Das unter Denkmalschutz stehende Parkhotel Laurin – der Baustil verbindet historistische Elemente mit klassischen Jugendstildetails – wurde 1910 nach Entwürfen der Münchner Architekten Alois und Gustav Ludwig als eines der modernsten Hotels Europas errichtet.

Parkhotel Laurin · Laurinstr. 4 · 39100 Bozen · Tel. 04 71/31 15 70
tgl. von 7.30–1 Uhr · www.laurin.it

Der Waltherplatz im Zentrum von Bozen: für Bozens Bürger die »Gute Stube« der Stadt

Mit unverwechselbarem Flair: Die Laurin Bar in Bozen ist beliebter Treffpunkt und Szenelokal.

200 Etiketten und prickelnde Überraschungen in stilvollem Ambiente
Eine spektakuläre Adresse: die Champagner-Bar Thaler Perlé unter den Bozner Lauben

Prickelnde Tropfen unter den Bozner Lauben

39

Ein Einkaufsbummel unter den historischen Bozner Lauben gehört zum Pflichtprogramm. Hier reiht sich ein schmuckes Geschäft an das andere. Aber auch die Lauben selbst mit ihrer verwachsenen Architektur und ihren reizenden Winkeln sind einen Besuch wert. Zur Belohnung gibt's ein prickelndes Glas Champagner.

Die mittelalterlichen Lauben waren einst das wirtschaftliche Zentrum der Stadt Bozen. Und noch heute sind sie das beliebteste Freiluft-Einkaufszentrum im Herzen der Altstadt, die Shoppingmeile par excellence für Einheimische und Gäste. Die Lauben wurden im ausgehenden 12. Jahrhundert als Straßenmarktanlage errichtet. Zu Messezeiten vermieteten die Bozner Kaufleute ihre Gewölbe an die Händler. Die nördlichen Lauben waren bevorzugt den Kaufleuten aus dem Süden vorbehalten, die südlichen denen aus dem Norden. Daher stammen die früher verwendeten Bezeichnungen »welsche« und »teutsche« Lauben. Einen guten Eindruck über die Geschichte der Lauben vermittelt der unter dem Merkantilmuseum eingerichtete Rundgang durch das unterirdische Bozen oder ein Besuch in den beiden historischen Apotheken Madonna und Schwarzer Adler.

Nach Einkaufsbummel und Kulturprogramm wird es Zeit für eine wohlverdiente Pause. Im Laubenhaus Nr. 69, im Stammhaus der Parfümeriefamilie Thaler, weist ein kleines, unscheinbares Schild auf eine spektakuläre Adresse hin: auf die Champagnerie Perlage Thaler. Die quirlige Flora Thaler Oberhauser hat im ersten Zwischenstock eine ganze Etage den großen Schaumweinen der Welt gewidmet – eine wahre Insel mitten unter edlen Parfüms und exotischen Gewürzen. In stilvollem Ambiente bietet die Gastgeberin an die 200 Etiketten und prickelnde Überraschungen, von den großen Namen der Champagne bis hin zu kleinen, unbekannten Produzenten. Im Dachgeschoss des historischen Laubenhauses lädt das Café-Bistro Arôme mit bezaubernder Dachterrasse und einmaligem Blick auf die Stadt und ihre Umgebung zum Verweilen ein.

Champagnerie Perlage Thaler & Café-Bistro Arôme · Lauben 69 · 39100 Bozen
Tel. 04 71/31 30 30 · Champagnerie: Mo–Fr 10–20, Sa 10–19 Uhr
Café-Bistro: Mo-Sa 9–23 Uhr · www.thaler.bz.it

40 BZ '18–'45. Ein Denkmal, eine Stadt, zwei Diktaturen

Das Bozner Siegesdenkmal sorgte immer wieder für Auseinandersetzungen zwischen Teilen der italienischsprachigen und der deutschen Bevölkerung Südtirols. Für die einen emotionsgeladenes Symbol der eigenen Identität, bleibt das Denkmal für so manche ein unerwünschtes faschistisches Relikt.

Da half vor wenigen Jahren auch die Umbenennung des Siegesplatzes in Friedensplatz nichts. Nur wenige Monate später wurde der Platz durch ein Referendum wieder rückbenannt. BZ '18–'45 – die im Juli 2014 eröffnete Dokumentations-Ausstellung im Siegesdenkmal versucht, Brücken zu bauen und neue Wege der gemeinsamen Geschichtsbewältigung zu gehen. In 15 unterirdischen Räumlichkeiten wird die Geschichte Bozens von 1918–1945 sowie die Geschichte des umstrittenen Denkmals dokumentiert. Die Ausstellung thematisiert die Folgen des Ersten Weltkriegs für Südtirol, den italienischen Faschismus und die Zeit der nationalsozialistischen Besetzung, die Option zwischen 1939 und 1943 sowie die Dramatik des Zweiten Weltkriegs.

Das Siegesdenkmal wurde am 12. Juli 1928 eingeweiht. Der Architekt des Denkmals, Marcello Piacentini, war eine der prägenden Gestalten der italienischen Architektur der ersten Hälfte des 20. Jahrhunderts. Das Siegesdenkmal ist neben dem von Hans Piffrader gemeißelten Fries auf dem Bozner Gerichtsplatz eines der bedeutendsten Monumente aus der Zeit des Faschismus in Südtirol.

Der Triumphbogen ist mit antiker, faschistischer und christlicher Symbolik ausgestaltet. Säulen und Pilaster wurden als überdimensionale Liktorenbündel ausgearbeitet. An der Stirnseite schießt eine stilisierte Siegesgöttin einen Pfeil gegen den »germanischen Norden« ab. An der Frontseite prangt noch heute die lateinische Inschrift: »Hic patriae fines siste signa. Hinc ceteros excoluimus lingua legibus artibus.« (»Hier an den Grenzen des Vaterlandes setze die Zeichen. Von hier aus bildeten wir die Übrigen durch Sprache, Gesetze und Künste.«)

BZ '18–'45 · Dokumentations-Ausstellung, Siegesdenkmal · Siegesplatz · 39100 Bozen
Tel. 33 98 65 61 00 · April–Sept. Di, Mi, Fr–So 11–13 und 14–17, Okt.–März Di–Sa 10.30–12.30 und 14.30–16.30, Do 15–21, So 10.30–12 und 15–17 Uhr · www.siegesdenkmal.com

Hic patriae fines siste signa … Hier an den Grenzen des Vaterlandes setze die Zeichen …
Das Gerichtsgebäude ist mit dem Siegesdenkmal das markanteste Monument aus der Zeit des Faschismus.

Die erste Dreiseil-Umlaufbahn Italiens führt von Bozen direkt auf den Ritten.

Mit Seilbahn, Schmalspurbahn und Bergbahn

41

Die 4,56 Kilometer lange Seilschwebebahn verbindet Bozen mit dem 1200 Meter hoch gelegenen Oberbozen, dem traditionellen Sommerfrischeort der wohlhabenden Bozner. Während diese früher in der Sänfte auf das Sonnenplateau hinaufgetragen wurden, erreicht der heutige Gast in nur zwölf Minuten bequem sein Ziel.

Die erste Zahnradbahn aus dem Jahr 1907 führte direkt vom Zentrum der Stadt Bozen auf den Ritten. 1966 wurde diese durch eine neue Seilschwebebahn ersetzt. Und am 23. Mai 2009 eröffnete die neue Rittner Seilbahn, die erste Dreiseil-Umlaufbahn Italiens und ein weltweites Vorzeigeverkehrsmittel. Die Bahn transportiert in acht Kabinen je 30 Personen in zwölf Minuten hinauf auf das Hochplateau, und dies im Vier-Minuten-Takt von 6.30–21 Uhr. Wartezeiten gibt es keine mehr und auch ein Fahrplan wurde dadurch überflüssig.

In Oberbozen wartet die letzte noch funktionierende historische Schmalspurbahn aus dem Jahr 1907 und führt die Reisenden, denen ein beispielloser Panoramablick geboten wird, durch eine traumhafte Landschaft nach Klobenstein. Wanderer zieht es dann mit der Rittner-Horn-Seilbahn von Pemmern aus (erreichbar mit dem Bus 166 ab Klobenstein) hinauf auf die Schwarzseespitze. Von dort kommt man in einer guten Stunde zu Fuß auf das 2260 Meter hohe Rittner-Horn, den Hausberg der Rittner und einen der schönsten Aussichtspunkte der Alpen: mit sagenhaftem 360-Grad-Rundumblick von den Dolomiten zur Ortlergruppe bis hin zur Zugspitze.

Das Wahrzeichen der Gemeinde Ritten, die Erdpyramiden, findet man gleich an mehreren Stellen. Die markanten Erdsäulen von 10 bis 15 Metern Höhe und einem Deckstein auf der Spitze, der den darunterliegenden Lehm vor Feuchtigkeit schützt, haben sich im Laufe der Zeit durch Erosion gebildet.

▶ Gleich neben der Bergstation der Rittner Seilbahn lädt das historische Park- und Familienhotel Holzner zur gemütlichen und erholsamen Einkehr. Dorf 18, 39059 Oberbozen, Tel. 04 71/34 52 31, www.parkhotel-holzner.com

Rittner Seilbahn · Rittnerstr. 12 · 39100 Bozen · Tel. 04 71/35 61 00
www.rittnerbahn.suedtirol-reisen.com · www.ritten.com

42 Bodenständig und originell: der Rielingerhof in Siffian

Inmitten von Weinbergen und Obstbäumen liegt auf 750 Metern Höhe der Rielingerhof in Siffian am Ritten, eine der bekanntesten Buschenschenken am Hochplateau. Seit Jahrzehnten schätzen Wanderer die gesellige Atmosphäre auf dem mittelalterlichen Bauernhof, die ehrlichen Weine und die bodenständige Kost.

Es ist sicher nicht der beste, wohl auch nicht der eleganteste, aber mit Sicherheit einer der originellsten und urigsten Buschenschankbetriebe des Landes. Das fängt bei seinen Besitzern an: Schon der alte Rielinger-Vater mit seinem imposanten Schnurrbart war als Viehhändler und Weinbauer ein weithin bekanntes Original. Sein Sohn Heindl, der älteste von zwölf Kindern, ist mit seiner gewinnenden Bauernschläue im sprichwörtlichen Sinn »nicht weit vom Stamm gefallen« und hat immer den ein oder anderen originellen Spruch auf Lager. Und auch der heutige Junior-Bauer Matthias überzeugt mit seiner kernigen Verwurzelung.

Der Rielingerhof wird Anfang des 13. Jahrhunderts erstmals urkundlich erwähnt. Wein wird hier seit Menschengedenken angebaut, im Mittelalter vor allem für die Herrschaften der benachbarten Burg Stein. Im Jahr 1956 kaufte die Familie Messner den verlassenen Hof und investierte viel Arbeit und Fleiß in dessen Wiederaufbau. Dafür ist heute bereits die dritte Messner-Generation am Ruder. Jungbauer Matthias ist mit seiner Familie für die Weinberge und den Urlaub auf dem Bauernhof verantwortlich. Die Altbauern Heindl und Burgl betreiben nach wie vor mit viel Einsatz den Buschenschank. »An unserem Hof führen einige Wanderwege vorbei, und so kehrten immer wieder Wanderer bei uns ein und verlangten nach einer Marende, um sich zu stärken«, erzählt Heindl. Es sprach sich bald herum, dass die Rielinger-Mutter so manch guten Bissen anzubieten hatte –, und aus dem Rielingerhof wurde ein Buschenschank. Die auf dem Hof erzeugten Produkte werden vor Ort verarbeitet und aufgetischt: Speck und Würste, Knödel und Kraut, Brot und Butter, Käse und Kastanien.

Rielingerhof · Familie Messner · Siffianer Leitach 7 · 39054 Klobenstein/Ritten
Tel. 04 71/35 62 74 · Mitte März–Juni und Sept., Okt. Di–So, Nov. Sa, So geöffnet · www.rielinger.it

Am historischen Rielingerhof wird seit Menschengedenken Wein angebaut.
Die Trauben aus den zwei Hektar eigenen Weinbergen werden selbst eingekeltert und ab Hof vermarktet.

Thomas Kohl hat vor rund 20 Jahren damit begonnen, auf seinem Hof Apfelbäume zu pflanzen. Qualität entsteht beim Wein im Weinberg, Geschmack und Aromen des Apfels reifen am Baum.

Für Gourmets: Apfelsaft ist nicht gleich Apfelsaft

43

Auf 900 Metern Höhe, in Unterinn am Ritten, liegt in sonniger Südlage der Obsthof Troidner. Hier presst Thomas Kohl aus alten, fast vergessenen Apfelsorten wie Gravensteiner oder Wintercalville und Ananasrenette, aber auch aus neuen Sorten wie Pinova oder Jonagold Bergapfelsäfte vom Feinsten.

Nicht nur die sortenreinen Apfelsäfte, auch Bergapfelsaft-Cuvées wie Bergapfelsaft mit Johannisbeere, Holunder, Heidelbeere, Himbeere, Marille oder Karotte werden regelmäßig ausgezeichnet. Die Lage, in der die Äpfel reifen sowie die sorgfältige Produktion, garantieren höchste Qualität. Das hat Thomas Kohl von den Weinbauern unten im Tal gelernt: Qualität entsteht beim Wein im Weinberg, Geschmack und Aromen des Apfels reifen am Baum. Doch nicht nur geschmacklich punkten die Produkte vom Troidnerhof. Auch in seiner Aufmachung geht Kohl neue Wege. Er füllt seine Gourmet-Bergapfelsäfte in weiße, elegante Glasflaschen und empfiehlt dazu die ideale Servier-Temperatur sowie passende Gerichte – ganz genauso wie bei einem guten Wein.

»Apfelsaft wird meist einfach als Durstlöscher hinuntergekippt. Auch Wein wurde früher aus der Fünf-Liter-Flasche geschüttet – und erst mit der Zeit hat sich eine richtige Genusskultur entwickelt. Ich glaube daran, dass auch der Apfelsaft als Genussmittel immer wichtiger wird«, ist Thomas Kohl überzeugt. Der Mut, einen neuen Weg zu gehen, hat sich gelohnt. Der Bergbauer probiert immer wieder Neues, experimentiert mit Sorten und neuen Mischungen. Er wird sicher auch in Zukunft mit seinen Gourmet-Apfelsäften überraschen. Sämtliche Kohl-Bergapfelsäfte sind im Genussladen »ab Hof« in Unterinn sowie in ausgesuchten Fachgeschäften und im Online-Shop erhältlich. Besichtigungen und Verkostungen sind möglich und telefonisch bzw. online buchbar.

▶ Am Erschbaumerhof in Unterinn produziert die Familie Lobis schmackhafte Milchprodukte und Qualitätsfleisch. Gastererweg 2, 39054 Unterinn, Tel. 04 71/35 91 17

Kohl Bergapfelsäfte · Hauptstr. 35 · 39054 Unterinn am Ritten · Tel. 04 71/35 94 42
www.kohl.bz.it

44 Auf der Alm do gibt's koa Sünd' …

Ein Gourmetlokal auf der Alm? Jawohl! In der Gostner Schwaige auf der Seiser Alm kocht in einer kleinen, idyllischen Almhütte ein junger Mann, der bei den Salzburger Kochbrüdern Obauer gelernt und auch im Team von Hans Haas im Münchner Tantris gearbeitet hat, mit viel Sinn für Qualität, Innovation und Tradition.

1930 Meter hoch liegt die Gostner Schwaige, inmitten der zauberhaften Landschaft der Seiser Alm, der größten Hochalm Eurpoas. Gerade mal zweieinhalb Quadratmeter groß ist die kleine Küche, in der Franz Mulser seine originellen Gerichte zaubert, ganz nach dem Motto »frisch & natürlich«. Kräuter und Blumen aus dem eigenen Garten stehen in der Küche im Mittelpunkt und verfeinern die hervorragenden Produkte aus der nahen Umgebung geschmacklich und optisch.

Die Gostner-Heublütensuppe mit Bergkräutern ist ebenso ein Gedicht wie der Almsalat mit Kräutern, Blüten und Preiselbeerpesto. Brennnessel- und Käsknödel werden klassisch mit flüssiger Butter serviert. Die Schulter vom Almochsen schmort in einer Lagrein-Soße und wird mit Püree von Wurzelgemüse aufgetischt. Um nicht von den Nachspeisen zu schwärmen: Der Kaiserschmarrn mit Kirschen und Rosenblüten kommt in der gusseisernen Pfanne auf den Tisch, ebenso wie die Aprikosenknödel mit Zimtblüten.

Mit Rodel, Snowboard und Langlaufskiern landet man im Winter direkt vor der Haustür. In der Hütte selbst finden knapp zwei Dutzend Gäste Platz. Bei schönem Wetter ziehen Gourmets, Wanderer und Sportler aber ohnehin die Wiese im Freien mit Blick auf den Schlern vor. Abends wird nur auf Vorbestellung gekocht.

Die Gostner Schwaige ist über den Fußweg Nr. 3 von der Seilbahnstation aus in einer halben Stunde zu erreichen. Auf dem Weg liegt das traditionsreiche Hotel Steger-Dellai, dessen ehemalige Besitzer Sportgeschichte geschrieben haben. Der Hans-&-Paula-Steger-Gedächtnisweg von Kompatsch nach Saltria versteht sich als Natur- und Kulturweg.

Gostner Schwaige · Franz Mulser · Saltriastr. 13 · 39040 Seiser Alm · Tel. 34 78 36 81 54
www.aussergost.com

Gourmet-Ziel auf Europas größter Hochalm: die Gostner Schwaige
Unbedingt probieren: den Kaiserschmarrn mit Kirschen und Rosenblüten …

Valentin Hofer: »Ohne Qualität gibt es keinen echten Genuss.«

Caroma – Kaffee aus Leidenschaft

45

Der Duft von frisch gerösteten Bohnen liegt in der Luft. An der Wand reihen sich nostalgische Kaffeemühlen aneinander. Geräuschvoll verwandelt die Kaffeemühle Bohnen in Kaffeepulver … In der Spezialitätenrösterei Caroma finden Kaffeegourmets eine erstklassige Auswahl an Kaffees.

Valentin Hofer ist Italiens erster Röstmeister, der sich »Qualified Coffee Expert« und »Chief-Coffee-Sommelier« nennen darf. Und er hat eine Vision: eine neue Kaffeekultur und ein bewussteres Genießen des meistkonsumierten Getränks der Welt. Um höchste Qualität bei seinen Kaffeespezialitäten zu garantieren, legt Hofer höchsten Wert auf die Auswahl der Rohkaffees. Diese werden biologisch angebaut, fair gehandelt und per Hand schonend und langsam geröstet, damit das ganze Aromenspektrum voll zum Ausdruck kommt. Durch die Langzeitröstung werden die Kaffeebohnen schonend geröstet, die Säure wird abgebaut, der Kaffee wird bekömmlich. Der Weg von der Bohne zum Kaffee ist bei Caroma transparent, fair und für den Kunden nachvollziehbar. Der Caroma-Kaffeeladen in Völs ist ein Paradies für jeden Kaffeegourmet. Hier finden sich nicht nur die Produkte der hauseigenen Rösterei: Seltene, sortenreine Ursprungskaffees in limitierter Auflage, hochwertige Arabica-Selektionen und Kaffee aus biologischem Fair-Trade-Handel stehen zur Auswahl. Es gibt alles, was man zum gesteigerten Kaffeegenuss braucht: Kaffeemaschinen und Kaffeezubehör. Auf Wunsch verpackt das Caroma-Team den Lieblingskaffee mit einem persönlichen Etikett. Valentin Hofer weiß, dass zum bewussten Genuss auch das Wissen um den Kaffee gehört. Daher bietet er in Kaffeekursen und Schulungen sein Wissen den Interessierten an. Bei einem Schnupperkurs in der Rösterei kann die Welt des Kaffees kennen gelernt werden.

▶ Zum Übernachten in stimmigem Ambiente lädt das Romantik Hotel Turm im Zentrum von Völs ein. Hier verschönern Originalwerke von Picasso, Kokoschka und Dix den Aufenthalt. www.hotelturm.it

Spezialitätenrösterei & Kaffeladen Caroma · Handwerkerzone 92 · 39050 Völs am Schlern
Tel. 04 71/72 56 51 · Mo–Fr von 8–12 und 13.30–17.30 Uhr · www.caroma.info

46 Die Kraft der Sarner Latsche

Das Sarntaler Latschenkiefernöl wird seit Generationen als bewährtes Haus- und Heilmittel verwendet. Ob zum Inhalieren bei Erkältungen, als Badezusatz für ein erholsames Bad oder zum Einreiben bei Gelenksbeschwerden oder Rheuma – das ätherische Öl aus der Latsche steht im Tal in jeder Hausapotheke griffbereit.

250 Kilogramm Nadeln braucht es für ein Kilogramm reines Latschenkiefernöl – ein schönes Stück Arbeit. Die Latschen wachsen oberhalb der Baumgrenze auf sauren, nährstoffreichen Böden in einer Höhe zwischen 1600 und 2300 Metern. Trockenheit und Hitze im Sommer, Schnee und Eis im Winter entwickeln hier ganz besondere Kräfte. In mühsamer Handarbeit werden die Sträucher in den Sommermonaten geerntet. Die kleinen Äste mit Zapfen und Nadeln werden gehäckselt und dann mehrere Stunden lang in Dampfkesseln erhitzt. Die Inhaltsstoffe, die Terpene aus den Nadeln, den Zapfen und den Ästen, lösen sich bei der Wasserdampfdestillation auf und werden vom Dampf gebunden. Die Kraft der Latsche wird in der Brennerei in reines ätherisches Öl verwandelt, das reich an wohltuenden Inhaltsstoffen ist.

Die Tradition des Latschenbrennens ist im Sarntal schon jahrhundertealt. Bis in die 1970er-Jahre gab es mehrere kleine Wanderbrennereien im Tal, die je nach Bedarf aufgestellt wurden. Die Latschenbrennerei Eschgfeller in Reinswald und Gregor Wenter vom Hotel-Restaurant Bad Schörgau sind die Pioniere der neuen Sarner Latschen-Kultur. Die Familie Eschgfeller führt neben der Latschenbrennerei seit Jahren ein Latschenbad und bietet verschiedene Anwendungen mit Latschenöl an. Auch beim Latschenbrennen kann man auf Voranmeldung zuschauen. Und im Latschenladen werden vielerlei Produkte rund um die Latsche angeboten. Gregor Wenter baut in der Sterneküche seines Hotels die Latsche gekonnt in die Speisekarte ein. Unter der neuen Marke Trehs bringt die Genossenschaft Sarner Natur seit 2005 neben reinen ätherischen Ölen eine breite Produktpalette von Kosmetikprodukten aus der Latsche – von Duschgel bis zu Körperlotionen – auf den Markt.

Latschenölbrennerei und Latschenbad Eschgfeller · Reinswald 142 · 39058 Sarntal
Tel. 04 71/62 51 38 · Mo–Fr 9–12 und 15–19, Sa 9–12 Uhr · www.alpen-wellness.bz
Hotel Bad Schörgau · Putzen 24 · 39058 Sarntal · Tel. 04 71/62 30 48 · www.bad-schoergau.com

In der Sterneküche des Restaurants Bad Schörgau wird die Latsche gekonnt in die Speisekarte eingebaut. Ein Traum für jeden »Latschen-Fan« ist der Besuch des Ladens.

Der Durnholzer See: Natur pur zum Genießen
Wagemutige und neugierige Beobachter

Durnholz und sein See am Ende des Sarntales

47

Bei Astfeld im Sarntal zweigt links das Pensertal ab. Nach rechts geht es ins Durnholzertal mit seiner Streusiedlung Durnholz. Den Abschluss des Tales bildet der idyllisch gelegene Durnholzer See, in dessen klarem, grün-blauem Wasser sich die umliegenden Bergspitzen und Wälder spiegeln.

Knappe 13 Kilometer lang durchfließt der Durnholzer Bach, der am Durnholzer See entspringt, das Tal. Direkt bis zum See kommt man mit dem Auto aber nicht. Gott sei Dank. Das kleine Dorf Durnholz hat sich zur autofreien Zone erklärt. Vor der Ortschaft muss der gebührenpflichtige Parkplatz benutzt werden. Von dort aus sind es aber nur wenige Hundert Meter bis zum See und zum Dorf.

Durnholz mit seinen 300 Einwohnern ist eine der 27 Fraktionen (Ortsteile) der flächenmäßig größten Gemeinde Südtirols, dem Sarntal. Auf das Jahr 1237 geht die erste urkundliche Erwähnung der Ortschaft zurück: Durrenholz. Die Kirche, die Schule, ein Gasthaus und einige Bauernhöfe bilden den Ortskern. Die Kirche St. Nikolaus mit ihren sehenswerten Fresken aus dem 15. Jahrhundert wurde um 1400 erbaut.

Der Durnholzer See liegt ganz idyllisch zwischen Almwiesen und Wäldern auf 1540 Metern Höhe. Er hat die Form eines Dreiecks und ist 900 Meter lang, 350 Meter breit und bis zu 13 Meter tief – ein Paradies für die heimische Regenbogenforelle und für die Fischer, die hier in den Sommermonaten ihr Glück versuchen. Zum Baden ist der See leider zu kalt. In den Wintermonaten wird der See von einer dicken Eisschicht bedeckt und lädt zum Schlittschuhlaufen ein. Wer das nicht mag, kann langlaufen oder eine Pferdeschlittenfahrt unternehmen. Besonders einladend, und zwar zu jeder Jahreszeit, ist eine Umrundung des Sees. In einer Stunde kann man gemütlich am Ufer entlang rund um den See wandern.

▶ Beim Fischerwirt, direkt am Westufer des Sees, kommen Freunde des guten Essens und Trinkens voll auf ihre Kosten. Fischerwirt, Durnholz, 39058 Sarntal, Tel. 04 71/62 55 23, www.fischerwirt.it

www.durnholz.it · www.sarntal.org · www.sarntal.com

48 Advent und Weihnachten einmal anders

»Ein romantisches Weihnachtsdorf – jenseits von Weihnachtskitsch, urig und bodenständig wie das Sarntal selbst«, so beschreiben die Veranstalter in Sarnthein ihren Alpenadvent. Überliefertes Brauchtum und traditionelles Kunsthandwerk wollen dabei auf eine wahrlich stille Weihnacht einstimmen.

An jedem Wochenende im Advent verwandelt sich Sarnthein in ein alpenländisches Weihnachtsdorf. Laternen in allen Größen, Materialien und Varianten dekorieren und erhellen den Ort. Ein originell gestalteter Weihnachtsmarkt bietet traditionelle, handgefertigte Produkte aus Sarner Herstellung: aus Holz, Leder, Wolle, der Sarner Latsche, Honig, Milch und vielem mehr, darunter natürlich die berühmten »Sarnar Toppar« (handgemachte Pantoffeln) oder der »Sarnar Janggar« (aus Schafwolle gestrickte Jacken). Für das leibliche Wohl gibt es lokale Spezialitäten wie Krapfen, Striezl, Roggenbrot und Weihnachtskekse. Für die richtige Stimmung sorgen Musik- und Singgruppen, eine lebende Krippe und ein umfangreiches Kinderprogramm.

Zu den im Sarntal heute noch gelebten Adventsbräuchen gehört das Klöckeln, das früher im gesamten Alpenraum verbreitet war. Im Sarntal hat er sich über die Jahrhunderte hindurch noch erhalten. Seinen Ursprung hat das Klöckeln im heidnisch-germanischen Mythos von der Wintersonnenwende. Der Name »Klöckeln« oder »Anklöpfeln« leitet sich von Anklopfen ab und erinnert in der christlichen Übertragung an die Herbergssuche der Weihnachtsgeschichte. Im Sarntal haben sich bei diesem Brauch noch so manche Elemente aus der heidnischen Urzeit erhalten. Und so ziehen jeden Donnerstag in der Adventszeit verkleidete Gestalten singend und lärmend von Haus zu Haus, bitten um Einlass und singen das uralte Klöckllied: »Heint isch ins a heilige Klöcklsnacht, lei was geschach …«

Der Alpenadvent im Sarntal bietet so manch passende Gelegenheit für gemütliche Stunden mit der Familie oder mit Freunden sowie für besinnliche Augenblicke.

Tourismusverein Sarntal · Kirchplatz 9 · 39058 Sarnthein · Tel. 04 71/62 30 91
Weihnachtsmarkt: Sa, So und Feiertage 10–19 Uhr · www.alpenadvent.sarntal.com

Sarnthein verwandelt sich im Advent in ein romantisch-alpenländisches Weihnachtsdorf.

Von der Sternwarte in Gummer aus startet der Planetenweg, der unser Sonnensystem darstellt. Das Planetarium lädt zu spannenden Reisen in die unendlichen Weiten des Universums ein.

Besuch im ersten europäischen Sternendorf

49

Die uralten Träume der Menschheit vom Fliegen und von einer Reise ins Weltall auffrischen – das kann man im ersten europäischen Sternendorf, in der kleinen Fraktion Gummer im Eggental. Planetarium und Sternwarte laden zum Besuch ein, und auch sonst hat sich das Dorf ganz auf das Weltall eingestellt.

Die Anfahrt hinauf auf das luftig-sonnige Hochplateau über dem engen und finsteren Eggental ist etwas kurvenreich. Dafür ist man oben, in den idyllischen Ortschaften, dem Himmel umso näher. Die ganze Gegend hat sich den Sternen und Planeten verschrieben. Sonnenuhren an den Hausmauern und in den Gärten begrüßen die Besucher. Der moderne Neubau des Planetariums beherrscht den Dorfplatz von Gummer. Das Planetarium selbst ist das Einzige seiner Art in Südtirol und lädt unabhängig von Wetter und Tageszeit mit einem abwechslungsreichen Programm zu spannenden Reisen in die unendlichen Weiten des Universums ein. Die einzigartigen Bilder werden mithilfe von optischen Präzisionsinstrumenten in Fulldome-3-D projiziert. Ein ausgefeiltes Soundsystem verstärkt ihre Wirkung. Wie in einem Raumschiff machen sich die Besucher auf die Reise jenseits der Grenzen der Milchstraße, hinaus zu den Weiten von Myriaden von Galaxien.

Zur Sternwarte Max Valier und zum Sonnenobservatorium Peter Anich geht es noch einige Kilometer weiter bergaufwärts. Jeden Donnerstagabend finden offene Führungen durch den Verein der Amateurastronomen Max Valier statt. Nach einer kurzen Einführung in die Astronomie können die Besucher den Sternenhimmel selbst am Cassegrain-Spiegelteleskop mit 80 Zentimetern Spiegeldurchmesser beobachten.

Direkt bei der Sternwarte startet auch der Planetenweg, der unser Sonnensystem im Maßstab 1:1 Million darstellt. Die Sternwarte steht für die Sonne und ist damit der Ausgangspunkt. Entlang des acht Kilometer langen Weges – durch Wälder und Wiesen und mit herrlichem Panoramablick – sind Informationstafeln zu den einzelnen Planeten angebracht.

Planetarium Südtirol · Gummer 5 · 39053 Karneid · Tel. 04 71/61 00 20 · Di, Mi, Fr 9–16, Do, Sa 14.30–20, So 13.30–18 Uhr · www.planetarium.bz.it
Sternwarte · Anmeldung zu den Führungen: Tel. 04 71/61 00 20 · www.sternwarte.it

50 Olivenöl extra vergine – made in Südtirol

Die Olivenbaumkarte Italiens muss neu geschrieben werden. Waren bis vor Kurzem noch zwei italienische Regionen ohne eigenes Olivenöl, so ist jetzt nur noch eine einzige übrig geblieben: das Aostatal. In Südtirol wird nämlich seit einigen Jahren in kleinem Ausmaß eigenes Olivenöl gepresst.

Den Ölbaum gibt es in Südtirol einzeln und als botanische Rarität schon seit Jahrhunderten an besonders warmen und geschützten Plätzen: im Meraner Raum etwa oder vor so manchem Überetscher Ansitz (Haus) und am Kalterer See. Neben dem besonderen Flair, das die älteste Kulturpflanze der Menschheit verbreitet, ist es wohl die allgemeine Klimaerwärmung, die das Anpflanzen von Ölbäumen auch in Südtirol verstärkt vorangetrieben hat.

Josephus Mayr vom Erbhof Unterganzner in Kardaun ist für seine hervorragenden Weine bekannt. Aber auch als unternehmerischer Geist, der ständig auf der Suche nach neuen Herausforderungen ist. 1980 hat er seine ersten Olivenbäume gepflanzt. Heute stehen einige Hundert Bäume auf seinem Grund, Leccino, Frantoio, Pendolino, insgesamt an die 15 Sorten. Die erste Olivenernte gab's beim Unterganzner 2001 mit 26 Litern Bozner Olivenöl extra vergine. Heute presst Josephus Mayr seine Oliven in der eigenen Ölpresse, einige Hundert Liter sind es mittlerweile geworden.

Einige Hundert Olivenbäume stehen auch auf den Gütern von Südtirols Vorzeigewinzer Alois Lageder: am Römigberg in Kaltern und in Margreid. Das Mikroklima an den steilen und warmen Hängen am Kalterer See ist laut Lageder ideal für den Olivenbaum.

Die Landesversuchsanstalt Laimburg hat vor zwei Jahrzehnten einige Hundert Olivenbäume in der Lage Ölleiten am Kalterersee und dann in den botanischen Landesgärten von Schloss Trauttmansdorff in Meran gepflanzt. »Bereits der Name Ölleiten weist darauf hin, dass hier schon vor Menschengedenken Olivenbäume kultiviert wurden«, ist man überzeugt. Die Ernte 2000 ist in der Laimburg zum ersten Mal zu Olivenöl gepresst worden.

Josephus Mayr · Kampillerweg 15 · 39053 Kardaun · Tel. 04 71/36 55 82 · www.tirolensisarsvini.it
Alois Lageder · Grafengasse 9 · 39040 Margreid · Tel. 04 71/80 95 00 · www.aloislageder.eu
Landesweingut Laimburg · Laimburg 6 · 39040 Auer · Tel. 04 71/96 95 00 · www.laimburg.bz.it

Josephus Mayr: Südtiroler Vorzeigewinzer und Olivenanbau-Pionier
Olivenernte in Südtirol: Daraus wird feinstes Südtiroler Olivenöl gepresst.

Das berühmte Knödelfresko an der Außenwand der Burgkapelle von Hocheppan.
Speckknödel – Mittelpunkt der alpinen Südtiroler Küchentradition.

51

Kunsthistorische Wanderung im Eppaner Burgendreieck

Das Eppaner Burgendreieck befindet sich am Fuße des Gantkofel. Ein kunsthistorischer Rundgang vermittelt einen guten Eindruck vom mittelalterlichen Südtirol. Burg Hocheppan zählt zu den wichtigsten Wehrbauten Südtirols und beeindruckt mit seiner Burgkapelle, der »Sixtinischen Kapelle der Alpen«.

Ausgangspunkt der zweistündigen Wanderung ist der Parkplatz unterhalb von Schloss Korb in Missian. Der viereckige Wohnturm des Schlosses wurde um 1235 von den Herren von Korb erbaut. 1834 kamen der schlossartige, romantisierende Umbau mit dem von Zierzinnen gekrönten Wohnbau sowie die Schlosskapelle hinzu. Das Schloss ist seit 1918 Stammsitz der Familie Dellago und heute ein Luxushotel mit Restaurant.

Auf dem Weg Nr. 12 erreicht man den Wald und den Burgenweg Nr. 14. Über einen Steig geht es bergauf zum Kreideturm und von dort weiter zur Burg Hocheppan mit herrlichem Panoramablick auf das Tal und Bozen.

Hocheppan wurde um 1153 von Ulrich II. von Eppan erbaut. Die Burgkapelle mit ihren wertvollen, erst 1926 gänzlich freigelegten Fresken ist eines der wichtigsten romanischen Kunstdenkmäler in Südtirol. Neben den religiösen Motiven mit dem Volksgericht verdient vor allem die Jagdszene an der Außenwand aus dem 13. Jahrhundert Beachtung: das sogenannte Knödelfresko. Bei der Geburt Jesu sitzt, im rechten unteren Bildrand, eine Frau mit einer Pfanne voller Knödel und führt gerade einen Knödel zum Mund. Maria – die »Knödelmadonna« von Hocheppan – blickt nicht auf ihr eben geborenes Kind, sondern wendet sich mit ausgestrecktem Zeigefinger der Knödelesserin zu.

▶ Südtiroler Knödel sollten von so lockerer Konsistenz sein, dass sie sich mit der Gabel zerteilen lassen. Sie werden nie mit dem Messer gegessen – das wäre eine Beleidigung für die Küche.

Weiter geht es zum 1230 erbauten Schloss Boymont, heute eine gut restaurierte Burgruine. Im Innenhof bietet eine Burgschenke Getränke und mittelalterliche Speisen an. Gestärkt geht es dann wieder bergab.

Burg Hocheppan · Hocheppanerweg 16 · 39050 St. Pauls-Missian · Tel. 04 71/66 22 06
März–Nov. Do-Di 10–18 Uhr · Führungen in der Burgkapelle 11–16 Uhr
www.hocheppan.it · www.eppan.com

52 Die Eislöcher bei Eppan: eiskalt auch im Sommer

Ein kühlender, kalter Luftzug mitten in einem märchenhaft smaragdgrün leuchtenden Wald – auch in den heißen Sommermonaten? Ein Naturphänomen der ganz besonderen Art. Die Eislöcher zwischen Eppan und Kaltern befinden sich am Fuß des Gandberges in einer 200 Meter langen und 40 Meter breiten Mulde.

In dem von Felstrümmern übersäten, moosbedeckten Waldstück ganz in der Nähe der Mendelstraße auf knapp 500 Metern Höhe trifft man auf ein seltenes Naturphänomen und auf eine geologische Attraktion: Die Luft strömt durch ein unterirdisches Spaltensystem zwischen den Porphyrblöcken des Bergsturzes des Gandberges von oben nach unten, kühlt sich dabei ab und erreicht eine Temperatur von 0–9 Grad. Die schwerere kalte Luft bleibt als Kaltluftsee von etwa fünf Metern Höhe in der Mulde rund um die sogenannten Eislöcher liegen. So findet man sogar im Sommer kleine Eiszapfen

Auf engstem Raum wachsen rund um die Eislöcher über 500 verschiedene Pflanzenarten.

in den Felslöchern. Das Phänomen wird mit dem physikalischen Prinzip der Windröhre erklärt. In der warmen Jahreszeit ist das ein herrlich erfrischendes Gefühl, wenn man plötzlich mitten im Wald in ein völlig anderes Klima eintaucht. Die Eislöcher sind deshalb besonders an heißen Tagen ein beliebtes, leicht erreichbares Ausflugsziel für Groß und Klein. Eine Jacke nicht vergessen!

▶ Auf dem Weg zu den Eislöchern liegt das einladende Wandererhotel Steinegger. Matschatscherweg 9, 39057 Eppan, Tel. 0471/66 22 48, www.steinegger.it

Zu den eisigen Löchern führt ein gemütlicher Wanderweg: Er startet auf dem Dorfplatz in St. Michael-Eppan, führt hinauf zur idyllisch gelegenen Gleifkirche und von dort durch Weinberge in den Wald hinein. Auf dem Rückweg kommt man an den Schlössern Gandegg, Englar und Moos-Schulthaus vorbei. Für den Ausflug sollte man gute zwei Stunden Gehzeit einrechnen.

Aber noch etwas anderes macht die Eislöcher zur Attraktion: Durch das kühle Klima finden hier Pflanzen, die normalerweise erst in höheren alpinen Regionen ab 1200 Meter Höhe wachsen, einen idealen Lebensraum, etwa die Rostblättrige Alpenrose.

Tourismusverein Eppan · Rathausplatz 1 · 39057 St. Michael-Eppan · Tel. 04 71/66 22 06
Mo–Fr 8.30–18, Sa 9–13 und 14–17 Uhr · www.eppan.com

53 Eine Charta für den Kalterersee – ein Qualitätssiegel

Kaltern und der Wein gehören zusammen wie Kaltern und sein See. Und beim Wein ist es wie beim Fremdenverkehr: Direkt oder indirekt lebt das ganze Dorf davon. Was das Landschaftsbild so stark prägt, spielt auch eine entscheidende wirtschaftliche Rolle im bekanntesten und beliebtesten Weindorf Südtirols.

Das Projekt wein.kaltern hat das gesamte Weindorf mobilisiert und in den letzten Jahren entscheidend geprägt. wein.kaltern versteht sich als Qualitätsoffensive für den Wein, insbesondere den Kalterersee-Wein. Bei der Gründung im Jahr 1999 stand deshalb ein Gedanke im Mittelpunkt: dem Kalterersee, über Jahrzehnte hinweg einer der beliebtesten Rotweine des Landes, wieder neue Qualität und ein zeitgemäßes Image zu geben.

Die Fachpresse ist mittlerweile voll des Lobes für den Kalterer. »Zu viele Weintrinker lassen sich von der relativ hellen Farbe, dem eher schlanken Körper sowie der Tannin- und Säurearmut des Kalterersee dazu verleiten, ihn als einfachen Durstlöscher abzutun.

▶ Alljährlich im Mai präsentiert wein.kaltern die Kalterersee-Charta-Weine in schönem Ambiente am Marktplatz in Kaltern.

Wer jedoch einen zweiten, genaueren Blick wagt, dem eröffnet sich eine weitere Dimension: Gute Kalterer sind oft tiefer und komplexer als so mancher deutlich teurere Prestigewein aus dem Barrique. Ein typischer Kalterersee malt das Bild seiner Herkunft in feinen Pinselstrichen, er erzählt keine Geschichte von übertriebenem Ehrgeiz und großer Show, sondern eine von Fingerspitzengefühl, Leidenschaft und – nicht zuletzt – Lebenslust. Das machen ihm nicht viele Weine nach.«

Erstklassige Kalterersee-Weine sind das Ziel der neuen Kalterersee-Charta. Seit dem Jahrgang 2010 überprüft eine Fachjury in Blindverkostungen die Qualität der Weine. Wer den strengen Kriterien entspricht, erhält das Qualitätssiegel mit dem Jahrgang und dem Vermerk »Selection Kalterersee Charta«. Und die Kalterer sind wieder stolz auf ihren Kalterersee.

wein.kaltern · Marktplatz 8 · 39052 Kaltern am See · Tel. 04 71/96 54 10 · www.wein.kaltern.com

Der Kalterersee lädt zum Philosophieren und zum unbeschwerten Genießen ein.
Das Qualitätssiegel der Kalterersee-Charta setzt im Weindorf neue Standards.

Alt und neu harmonisch vereint: Weinarchitektur im Weingut Manincor am Kalterer See.
Weinernte auf Hinterglasmalerei im Südtiroler Weinmuseum in Kaltern

In Kaltern dreht sich alles um Rebe und Wein

54

Das Südtiroler Weinmuseum lädt im bekanntesten Weindorf des Landes zum Besuch ein. In der ehemaligen Kellerei Di Pauli überrascht das Museum mit viel Atmosphäre. Zahlreiche Exponate dokumentieren die Geschichte und Bedeutung des Weins. Ergänzend dazu führt das Rebenmuseum am Lieselehof direkt in die Weinberge.

Das 1955 im Castel Ringberg am Kalterer See eröffnete Südtiroler Weinmuseum – das älteste in Italien – übersiedelte vor drei Jahrzehnten in das Pflegerhaus mit dem Zehentkeller des landesfürstlichen Gutshofes im Dorfzentrum von Kaltern. Im Torgglraum mit der großen mittelalterlichen Weinpresse beeindruckt ein beachtenswertes Kreuzgratgewölbe aus dem Jahr 1693; steingefasste Spitzbogentüren und ein tiefer Keller verleihen dem Haus eine besondere Atmosphäre. Die Dauerausstellung dokumentiert die Arbeitsabläufe im Jahreskreislauf sowie das Brauchtum im Südtiroler Weinbau und zeigt Zeugnisse einer jahrhundertealten Kulturgeschichte. Trink- und Traggefäße, Weinfässer und Keltergeräte, religiöse Volkskunst sowie eine Vielzahl von Exponaten erzählen von der Geschichte und der Bedeutung des Weins. Die über 2500 Jahre alten Traubenkerne sind ein Beweis für die jahrtausendealte Weinbaugeschichte Südtirols. Auch die Tradition des Saltners kommt im Weinmuseum nicht zu kurz: Die Kalterer hatten zum Schutz vor Traubendiebstahl Flurhüter, die sogenannten Saltner, angestellt. Noch im Jahr 1914 gab es in Kaltern neun solcher Traubenwächter. Im kleinen Weingarten vor dem Museum werden selten gewordene Rebsorten angebaut. Wer mehr Interesse an den Rebsorten und der Arbeit im Weinberg hat, dem sei ein Besuch im Kalterer Weinrebenmuseum empfohlen. Im Bioweingut Lieselehof lädt die Familie Morandell in ihr Rebenmuseum mit 300 verschiedenen Rebsorten aus aller Welt ein.

▶ Im Weinhaus PUNKT am Kalterer Marktplatz können Kalterns Weine in gemütlicher Atmosphäre verkostet werden. Marktplatz 3, Tel. 04 71/96 49 65

Südtiroler Weinmuseum · Goldgasse 1 · 39052 Kaltern · Tel. 04 71/96 31 68
April–Mitte Nov. Di–Sa 10–17, So 10–12 Uhr · www.weinmuseum.it
Lieselehof · Kardatscherweg 6 · 39052 Kaltern · Tel. 04 71/96 50 60 · www.lieselehof.com

55 Mit der Standseilbahn von Kaltern auf die Mendel

Bei ihrer Inbetriebnahme 1903 war die Bahn auf die Mendel die erste elektrisch betriebene Bahn Tirols und die steilste Standseilbahn Europas. Der Schweizer Emil Strub zeichnet für die Konstruktion verantwortlich. Bei 64 Prozent Steigung bleibt zu hoffen, dass auch heute noch auf die Technik Verlass ist.

Die Fahrt mit der Mendelbahn wird zum Erlebnis: 2,37 Kilometer lang ist die Strecke von Kaltern hinauf auf den 1363 Meter hohen Pass.

Der Mendelpass ist der tiefste Einschnitt des Mendelkamms und verbindet das Überetsch mit dem Nonstal und somit auch Südtirol mit dem Trentino. Bereits zur Römerzeit führte ein Saumpfad über die Mendel. Die heutige Straße von Kaltern hinauf auf den Pass wurde in den Jahren zwischen 1880 und 1885 erbaut und ist bei Bikern sehr beliebt. Nach der Erschließung durch Straße und Bahn entwickelte sich der Mendelpass zum beliebten Kurort und zur attraktiven Erholungszone. Die österreichische Kaiserin Sisi besuchte den Ort ebenso wie Karl May und später Mahatma Gandi und gleich drei Päpste (Johannes XXIII., Paul VI. und Johannes Paul I.). Einer der berühmtesten Gäste seiner Zeit war Kaiser Franz Joseph I. Er nutzte die Standseilbahn im Jahr 1905, um zu den großen Militärmanövern im Nonstal zu gelangen. In den Sommermonaten findet jeden Freitag eine Fahrt auf die Mendel mit Führung zur Geschichte und Tradition des Passes und mit dem Besuch der einstigen Kaiserlichen Residenz statt.

▶ Das Panorama-Hotel Penegal auf dem Mendelkamm ist mit seiner spektakulären 360 Grad Panorama-Aussicht ein lohnendes Ausflugsziel. www.penegal.com

Die herrliche Aussicht über das Überetsch und das Bozner Unterland bis weit hinein in die Bergwelt der Dolomiten zieht viele Besucher hinauf auf die Höhe. Vom Mendelpass aus startet eine Vielzahl von markierten Wander-, Reit- und Mountainbikewegen: hinauf auf den Penegal, auf den Gantkofel oder auf den Roen. Viele Kalterer und Eppaner Familien haben zudem ihre Sommerfrischehäuschen auf der Mendel.

Mendelbahn · St. Anton 58 · 39052 Kaltern · Tel. 04 71/45 01 11 · www.kaltern.com

854 Meter Höhenunterschied sind zu überwinden – in zwölf Minuten Fahrtzeit.
Die Mendelbahn, einst die steilste Standseilbahn Europas, wurde 1903 in Betrieb genommen.

Von Altenburg aus: wunderbare Aussicht mit herrlichem Panoramablick auf den Kalterer See.
Versteckt im Wald liegt auf 612 Metern Höhe die Kirchenruine St. Peter.

St. Peter in Altenburg: die älteste Kirchenruine Tirols

56

Die Kirchenruine St. Peter in Altenburg bei Kaltern reicht in ihren Ursprüngen auf das 6. Jahrhundert zurück und zählt zu den ältesten in Südtirol. Von ihr führt ein Friedensweg mit sieben mit Kunstwerken versehenen Besinnungsstationen durch das Biotop Rastenbachklamm hinunter zum Kalterer Ortsteil St. Anton.

Altenburg ist die höchstgelegene Fraktion der Gemeinde Kaltern, ein kleines idyllisches Dörfchen. An dessen Rand steht die gotische Kuratiekirche St. Vigilius aus dem 14. Jahrhundert mit ihren bunt glasierten Dachziegeln. An den Mauern kann man das älteste Wandgemälde Kalterns aus dem Jahr 1320 betrachten, den Hl. Christophorus.

Etwas versteckt im Wald liegt auf 612 Metern Höhe die Kirchenruine St. Peter. Die Bauform erinnert an Kirchenbauten in Aquileia und Mailand, wobei die dreischiffige Basilika über eine gewölbte Apsis mit Rundbogen im Osten und einen Nebenraum im Nordosten verfügt. Der Legende nach haben sich hier eine prähistorische Opferstätte und spätere christliche Taufstätte sowie die Schlafstätte des um 400–405 verstorbenen Hl. Vigilius befunden. Bis 1786 gingen die Menschen noch Kreuzwege von Kaltern hierher. Die Schließung der Kirche unter Kaiser Joseph II. im Jahr 1782 führte zum Verfall. Nach Errichtung einer 37 Meter langen Hängebrücke anstelle der mittelalterlichen Steinbrücke und nach Sanierungsmaßnahmen an der Ruine erfolgte 2000 eine neue Weihe der Kirchenruine.

▶ Kurz vor Altenburg, in der Sportzone St. Anton, fordert der Hochseil-Abenteuerpark Kaltern mit 21 Parcours in unterschiedlichen Schwierigkeitsgraden die gesamte Familie heraus. Altenburgerstr., Tel. 34 78 01 09 60, www.abenteuerpark.it

Auf einem schmalen Steig und über steile Treppen führt ein Wanderweg über die wildromantische Rastenbachklamm hinunter zum Kalterer See. Mit ihren Wasserfällen und Wasserbecken, den von Efeu bewachsenen Bäumen und dem dahinplätschernden Wasser ist die Klamm ein beeindruckendes Naturdenkmal. Trittsicherheit ist gefordert.

Tourismusverein Kaltern am See · Marktplatz 8 · 39052 Kaltern · Tel. 04 71/96 31 69
Ostern–Okt. Mo–Fr 8–12.30 und 13.30–18, Sa 9.30–12.30 und 14–18, So 10–12, Nov.–Ostern Mo–Do 8–12.30 und 13.30–17, Fr 8–12.30 Uhr · www.kaltern.com

57 Die Kalterer entdecken wieder ihren Plent

Auf Betreiben der Initiative wein.kaltern gibt es seit einigen Jahren wieder echten Kalterer Plent – angebaut auf Kalterer Grund und Boden in einem Acker direkt am Kalterer See. Der Plent oder die Polenta wird aus gelbem Maismehl zubereitet und kam in der Vergangenheit fast täglich auf den Tisch.

Was andernorts in Südtirol die Kartoffeln waren, das war im Südtiroler Unterland und im Überetsch über Jahrhunderte hinweg der Plent – ein Gericht, das für die Landbevölkerung in verschiedenen Formen als unentbehrliches Grundnahrungsmittel den Alltag prägte. Gekocht, geröstet oder gebraten, mit Wurst und Käse, mit Gulasch und Kraut sowie mit Milch oder Gerstekaffee – der Plent war jederzeit eine nahrhafte Beilage. Einige Jahrhunderte lang wurde in den trockengelegten Auen entlang der Etsch Mais angebaut –, bis dieser vor einem guten Jahrhundert dem lukrativeren Apfelanbau weichen musste.

Der Plent hat aber noch immer einen festen Platz in der Küche des Landes und bildet die Grundlage für stimmige und schmackhafte Gerichte. Er hat es als typisch lokales Produkt sogar zu Ehren in der gehobenen Küche gebracht: als Polentanocke und Gemüsepolenta, als Polentapuffer und Polentagratin … Und noch so mancher Bauer kocht in Kaltern und in Tramin während der Weinlese für seine Erntehelfer die Polenta im kupfernen Plentnkessel am offenen Feuer im Weinberg. Dazu gibt's Würste und Käse – und ein gutes Glas Kalterersee natürlich.

Mit dem original Kalterer Plent will wein.kaltern ein Produkt neu aufleben lassen und eine Tradition bewahren, die eng mit der Identität des Weindorfes und seiner Geschichte verbunden ist. Der Kalterer Plent kann über wein.kaltern bezogen werden und ist bei den Partnerbetrieben von wein.kaltern erhältlich – mit den passenden Rezepten natürlich.

Und noch etwas: Plent, das ist über seine kulinarischen Wurzeln hinaus so ein Wort wie Schmarrn. Red' keinen Schmarrn! Man kann aber auch einen Plentn daherreden, also nichts Gescheites.

wein.kaltern · Marktplatz 8 · 39052 Kaltern am See · Tel. 04 71/96 54 10 · www.wein.kaltern.com

So mancher Bauer kocht während der Weinlese die Polenta noch im kupfernen Plentnkessel.

Weinarchitektur mit Kult-Status: die neue Kellerei Tramin
Gewürztraminer-Ernte in den Weinbergen rund um Tramin

Wein & Architektur – Tradition und Avantgarde

58

Seit zwei Jahrzehnten kann man in Südtirol – aber nicht nur hier – einen regelrechten Boom an neuer Wein-Architektur beobachten. Manche der Bauten sind wahre architektonische Kleinode geworden und genießen bereits Kultstatus – so wie die neue Kellerei in Tramin. Der im Jahr 2010 fertiggestellte, herausfordernde Neubau der Kellerei am nördlichen Dorfeingang wächst wie zwei überdimensionale Rebstöcke aus dem Bestandsgebäude heraus. Bizarre, in eine Stahlkonstruktion übersetzte Formen von blattlosen, winterlichen Rebstöcken prägen das weithin sichtbare Erscheinungsbild mit Rundumblick bis zum Kalterer See und sind mittlerweile zum Wahrzeichen des Gewürztraminer-Dorfs geworden.

Kellerei Tramin · Weinstr. 144 · 39040 Tramin · Tel. 04 71/09 66 34 · April–Okt. Mo–Fr 9–19, Sa 9–17, Nov.–März Mo–Fr 9–18, Sa 9–17 Uhr · www.cantinatramin.it

Gewürztraminer: würzig-aromatisch und eigenwillig

59

Tramin im Südtiroler Unterland hat bei der Namensgebung Pate gestanden. Und die Traminer lassen sich bis zum Gegenbeweis ihren geliebten Gewürztraminer nicht nehmen. 570 Hektar sind in Südtirol mit Gewürztraminer-Rebstöcken bepflanzt. Je nach Boden, Klima, Lage und der Kunst der Kellermeister variiert der Wein in seinem Stil, in Geruch und Geschmack von mild-trocken bis lieblich, von frisch-leicht mit zarten Rosendüften bis hin zu voll und üppig. Aufgrund seines ausgeprägten Charakters ist der Gewürztraminer sicher kein Wein für den Alltagsgebrauch. Seine ansprechende Aromatik und seine ausgeprägte Individualität machen ihn zu einem Wein für Liebhaber und Kenner.

Tourismusverein Tramin · Mindelheimerstr. 10a · 39040 Tramin · Tel. 04 71/86 01 31 April–Okt. Mo–Fr 8.30–12.30 und 14–18, Sa 9–12.30, Aug.–Okt. auch Sa 16–18, Nov.–März Mo–Fr 8.30–12 und 14–17.30 Uhr · www.tramin.com

60 Wild und ausgelassen: der Egetmann-Umzug in Tramin

Urwüchsig, ausgelassen und einzigartig, unmittelbar und wild – der Egetmann-Umzug in Tramin zählt zu den ältesten Tiroler Faschingsbräuchen. Das laute Faschingstreiben ist aber mehr als ein wertvolles Tiroler Geschichts- und Kulturgut. Es ist ein lebendiger Ausdruck der Traminer Eigenart und Lebensfreude.

»Was hat ein solch irrationales, ausgelassenes und bisweilen rätselhaftes Spektakel in unserer technisierten, von Vernunft beherrschten Zeit zu suchen?« Die Erhaltung und Pflege des auf das Jahr 1591 zurückgehenden traditionsreichen Umzugs mit viel Einfallsreichtum, Fantasie und Spielfreude mag der eine Grund sein. Das eigentliche Wesen des Umzugs wird ein Außenstehender aber wohl nie voll und ganz begreifen, denn für die Traminer ist ihr Egetmann-Umzug Selbstdarstellung und Selbstzweck, bei dem das ganze Dorf mit Leib und Seele mitmacht. Das macht den Umzug sympathisch und mitreißend. Und so werden in jedem zweiten, ungeraden Jahr in Tramin Mythos, Volkserzählung, geordneter Alltag und heidnischer Exzess in einem farbenfrohen, feucht-fröhlichen und lauten Durcheinander gemeinsam gelebt.

700–800 männliche Traminer wirken beim Umzug mit, eine ansehnliche Zahl für ein Dorf mit 3200 Einwohnern. Die nach Fisch, Ruß und Rauch riechenden Figuren ziehen mehrere Stunden lang durch die Gassen von Tramin. Die Hauptfigur des Umzugs ist der Egetmann-Hansl, eine mit schwarzem Rock, Zylinderhut und weißen Handschuhen bekleidete Puppe, der im Begriff ist zu heiraten. Die Kutsche des Egetmann wird von zahlreichen kunstvoll angefertigten Wagen, von bunten Gruppen und Gestalten begleitet: von reichen und armen Zigeunern, Bauern und Fischern, der Alt-Weibermühle, Waschweibern und Burgltreibern. Die bekanntesten Figuren sind die »Schnappviecher« oder »Wudelen« – über drei Meter große Figuren mit drachenähnlichen, mit Fell überzogenen Köpfen mit Hörnern. Der Unterkiefer mit Holzzähnen ist beweglich und schnappt mit lautem Klappern auf und zu.

Egetmann-Verein Tramin · Weinstr. 32 · 39040 Tramin · Tel. 335 37 71 48 · www.egetmann.com

Die bekanntesten Figuren des Egetmann-Umzugs sind die »Schnappviecher« oder »Wudelen«.

Sagengestalten, Höhlen und Grotten im Castel Turmhof in Entiklar.
Das Ambiente des Paradeis lädt zum Verweilen ein.

61

Märchenpark und Schlosskellerei im Castel Turmhof

Die idyllisch gelegene Fraktion Entiklar ist schon seit vorgeschichtlicher Zeit besiedelt. Das Gut Linticlar wird erstmals 1225 erwähnt und ist seit 1675 als Castel Turmhof in Familienbesitz. Mit der Eröffnung eines Buschenschankes im Jahr 1968 wagten Hilde und Herbert Tiefenbrunner neue Wege. Die Weine wurden vor Ort in Flaschen gefüllt, Besucher in den antiken Schlossgarten mit seinen uralten Bäumen zu einem guten Glas Wein und einer zünftigen Marende eingeladen. Eine Führung durch den romantischen Märchenpark von Castel Turmhof mit seinen Höhlen und Grotten, seinen Sagengestalten und fantastischen Kreaturen begeistert Jung und Alt.

Tiefenbrunner – Schlosskellerei Turmhof · Schlossweg 4 Entiklar · 39040 Kurtatsch
Tel. 04 71/88 01 22 · Buschenschank und Märchenpark: April–Okt., Mo–Sa 10–19 Uhr
www.tiefenbrunner.com

62

Das Paradeis im Weingut Lageder

Im idyllischen Weindorf Margreid im Süden Südtirols lädt im Weingut Lageder die Vineria Paradeis im historischen Ansitz Càson Hirschprunn zum Verkosten und Genießen ein. Der Name Alois Lageder steht weit über die Landesgrenzen hinaus für höchste Qualitätsstandards. Nicht nur im Weinbau beschreitet der Südtiroler Vorzeigewinzer mit seiner ganzheitlichen, nachhaltigen Unternehmensphilosophie und seiner biologisch-dynamischen Arbeitsweise neue Wege. Sein Engagement gilt ebenso der Kultur und der Kunst. Die Vineria Paradeis bietet für Weinverkostung, Weineinkauf und kulinarischen Genuss einen besonderen Rahmen und macht die Unternehmensphilosophie von Ganzheitlichkeit, Ruhe und Entschleunigung erlebbar.

Vineria Paradeis · St. Gertraudplatz 10 · 39040 Margreid · Tel. 04 71/80 95 80
Führungen: Di, Do um 14.30 Uhr · www.aloislageder.eu

63 Die älteste Weinrebe Europas steht in Margreid

In Margreid, im Südtiroler Unterland, steht die wohl älteste Weinrebe Europas. Der Rebsteckling wurde im Oktober 1601 von einem gewissen Domenig de Valentini an der Hausmauer des Anwesens Feichter im Ortszentrum gesetzt. Hausreben wurden bei Hochzeiten, der Geburt des Stammhalters oder der Hofübergabe als Symbol von Fruchtbarkeit und Erneuerung gepflanzt. Neben der Rebe steht ein Kragstein aus Trientner Marmor, auf dem die Pflanzdaten in deutscher und ladinischer Abkürzung festgehalten wurden. Bei der Margreider Hausrebe handelt es sich um eine Tafeltraube, die heute noch durchschnittlich 80 Kilogramm Trauben im Jahr trägt.

Tourismusverein Südtiroler Unterland · Hauptmann-Scheiggl-Platz 8
39040 Kurtatsch · Tel. 0471 88 01 00 · Ostern–Okt. Mo–Fr 9–12 und 15–18, Sa 8–12, Nov.–Ostern Mo–Fr 9–12 Uhr · www.suedtiroler-unterland.it

64 Südtirols berühmtester Keller

Mit der Kraft von fünf Tonnen Dynamit wurden Ende der 1980er-Jahre im Landesweingut Laimburg ein Barrique-Fasskeller und ein Keller für die Flaschenlagerung aus dem rotbraunen Porphyrgestein des Mitterbergs bei Auer gesprengt. Hinzu kam ein 300 Quadratmeter großer, gewölbter Saal: der von Südtiroler Künstlern gestaltete Felsenkeller, Südtirols berühmtester Keller. Mit seinen 100 Sitzplätzen dient dieser vorwiegend der Vorstellung Südtirols als Weinland und der Pflege der Weinkultur. Unter dem ehemaligen Landesfürsten Durnwalder war er Repräsentationsraum der Südtiroler Landesregierung. In Zukunft soll er verstärkt ein »Keller des Volkes« werden, der auch für Veranstaltungen angemietet werden kann.

Land- und Forstwirtschaftliches Versuchszentrum Laimburg · Laimburg 6, Pfatten · 39040 Auer
Tel. 04 71/96 95 00 · Führungen: Mo–Fr 8.30–12 und 14–16 Uhr · www.laimburg.it

1601 wurde die älteste Weinrebe Europas an dieser Hausmauer in Margreid gepflanzt.
it fünf Tonnen Dynamit wurde im Landesweingut Laimburg der Felsenkeller aus dem Porphyrgestein gesprengt.

Zu den typischen Südtiroler Rebsorten gehören Weißburgunder und Gewürztraminer, Vernatsch und Lagrein.

Auf Lehrpfaden und durch die Weinberge

65

Vier abwechslungsreiche und anregende Weinwanderwege an der Südtiroler Weinstraße laden das ganze Jahr über zur Spurensuche in den unterschiedlichen Weinlagen des Landes ein: der Terlaner Weinweg, der Weinlehrpfad in Girlan, der wein.weg in Kaltern und der Kurtatscher Weinlehrpfad.

Der Terlaner Weinweg führt durch die Weinberge von Terlan und vermittelt auf zahlreichen Infotafeln die Geschichte und Kultur des Terlaner Terroirs und seiner langlebigen Weißweine. Girlan hat seinen Natur- und Weinlehrpfad am »Hohen Weg«: Auf 15 Informationstafeln entlang des Wanderwegs wird die Arbeit der Weinbauern und die Pflege der Weinberge erklärt. Die Qualitätsoffensive wein.kaltern begleitet einen in Kaltern auf allen Wegen. Der wein.weg führt vorbei an Lagen und Weinhöfen zum Kalterer See. Die Weinlagen, auch Riegel genannt, sind im Boden durch weiße Kalksteinschwellen mit den Riegelbezeichnungen markiert: Vial, Prunar, Kreith, Palurisch …

Der Kurtatscher Weinlehrpfad ist ebenfalls für alle Natur- und Weinliebhaber zu empfehlen. Er veranschaulicht auf besondere Weise das Leben im Weinberg, vom Pflanzen der Rebe über die Ernte bis hin zur Verkostung des Endprodukts. Man kann den Lehrpfad auf eigene Faust entdecken, sich aber auch gezielt von orts- und weinkundigen Personen führen lassen. Jeden Mittwoch – von Frühling bis Herbst – wird eine geführte Duft- und Genusswanderung angeboten. Die Wanderung startet im Zentrum von Kurtatsch und führt durch die Weinberge in einer knappen Stunde bis nach Entiklar. »Saltnerpratzen«, große hölzerne Hände, die früher Zeichen der Anwesenheit des Weinbergwächters waren, leiten die Wanderer. 18 Schautafeln geben Einblick in das Weinbaujahr, informieren über Rebsorten und Reberziehung und bieten die Möglichkeit, die verschiedenen Duftnoten der Weine zu erschnuppern. Verkostet werden können die Weine – darunter die typischen Südtiroler Rebsorten Weißburgunder und Gewürztraminer, Vernatsch und Lagrein – direkt bei den einzelnen Weingütern und Kellereien entlang der Weinstraße.

Südtiroler Weinstraße · Pillhofstr. · 1 39057 Frangart-Eppan · Tel. 04 71/86 06 59
www.suedtiroler-weinstrasse.it · **Tourismusverein Südtiroler Unterland** · Tel. 04 71/88 01 00
www.suedtiroler-unterland.it · Hauptmann-Scheiggl-Platz · 839040 Kurtatsch

66 Wandern auf den Spuren von Albrecht Dürer

Als der deutsche Renaissancekünstler Albrecht Dürer im Jahr 1505 zu seiner Italienreise aufbrach, war das Südtiroler Unterland gerade wieder einmal von der Etsch überschwemmt und unpassierbar. Ein Umweg war nötig, um nach Trient zu gelangen.

Es gab noch keine Autobahn, die bequem in den Süden führte, und so musste Albrecht Dürer nach seinem Aufenthalt im alten Pilgerhospiz Klösterle in St. Florian bei Neumarkt eine andere Richtung einschlagen. Er brach nach Laag auf. Von dort aus führte ihn der Weg durch die Schlucht des Laukenbachs und über die Römerbrücke bis nach Buchholz. Hier begann er den Anstieg zum Sauchpass auf 915 Metern Meereshöhe und weiter zum Heiligen See, dem Lago Santo. Danach folgte der Abstieg nach Cembra und vorbei an den Erdpyramiden von Segonzano zum Schloss von Segonzano im Trentino.

Heute ist der Abschnitt des 35 Kilometer langen Pfades, den Albrecht Dürer auf seiner Reise nach Venedig einschlug, eine beliebte Wanderroute. Der Weg führt nicht nur durch eine wundervolle Landschaft und gewährt atemberaubende Ausblicke auf das Etschtal, sondern kann auch von zahlreichen Ereignissen berichten, die schon längst in Vergessenheit geraten sind. Auch die Kaiser des Heiligen Römischen Reiches sollen diesen Weg auf ihren Reisen zur Krönung nach Rom einst beschritten haben.

Der mit »AD«, Albrecht Dürers Initialen, ausgeschilderte »Dürerweg« empfiehlt sich in zwei Etappen: Der erste, 7,5 Kilometer lange Abschnitt führt vom Klösterle in St. Florian nach Buchholz. Kurz vor Buchholz lädt in einem kleinen Waldstück der Skulpturengarten »Garten der Sehnsucht« ganzjährig und rund um die Uhr zum Besuch. Hier hat die Künstlerin Sieglinde Tatz-Borgogno mehr als 200 Werke, vorwiegend Marmor- und Bronzeskulpturen sowie Installationen unter dem Motto »Freiheit und Harmonie zwischen Kunst und Natur«, ausgestellt. Von Buchholz aus führt die zweite, 8,5 Kilometer lange Etappe über den Sauchpass zum romantischen Heiligen See hoch über dem Cembratal, wo sich die Gipfel der Lagoraikette spiegeln.

Tourismusvereinigung Auer-Montan-Neumarkt-Salurn · Hauptplatz 5 · 39040 Auer
Tel. 04 71/81 02 31 · www.castelfeder.info

Die atemberaubende Landschaft des Cembratales zieht nicht nur Touristen in ihren Bann

Idyllische Winkel unter den malerischen mittelalterlichen Lauben in Neumarkt

Prähistorische, römische und frühmittelalterliche Siedlungsreste zeugen von der Bedeutung von Castelfede

67 Die malerischen Laubengänge von Neumarkt

Verschlafen und verträumt, dafür aber umso idyllischer wirkt der alte Ortskern von Neumarkt mit seinen malerischen mittelalterlichen Lauben. Längst vergangen sind die Zeiten, als der Ort aufgrund seiner zentralen Lage an den Handelsstraßen zwischen Nord und Süd und insbesondere durch die Etsch-Schifffahrt noch große wirtschaftliche und kulturelle Bedeutung hatte. Ein Hauch von Größe und Mittelalter ist hängen geblieben. Der Marktflecken wurde 1189 gegründet. Die Lauben im Ortskern wurden zwischen 1300 und 1600 erbaut. Stattliche Häuser mit stimmungsvollen Innenhöfen und herrschaftliche Ansitze prägen das Bild. Zur Tradition gehört das traditionelle Laubenfest Ende August.

Tourismusvereinigung Auer-Montan-Neumarkt-Salurn · Hauptplatz 5 · 39040 Auer
Tel. 04 71/81 02 31 · www.castelfeder.info

68 Castelfeder, das »Arkadien« Tirols

Als einzigartiges mystisch anmutendes Landschaftsbild mit wechselvoller Siedlungsgeschichte präsentiert sich die hügelige Felsenkuppe zwischen Neumarkt und Auer. Allein schon die karge Vegetation des heutigen Schutzgebietes unterscheidet sich radikal von der Umgebung. Der Naturerlebnisweg »Biotop Castelfeder« führt durch mediterrane Flora, Steppenrasen, Strauchwerk, Buschwald, Weiher und Moore. Prähistorische, römische und frühmittelalterliche Siedlungsreste zeugen von der Bedeutung vom Südtiroler »Arkadien«, darunter Urnengräber mit Grabbeigaben aus dem zweiten Jahrtausend v. Chr. oder die weithin sichtbare Ruine der Barbarakappelle aus dem 6. Jahrhundert.

Tourismusvereinigung Auer-Montan-Neumarkt-Salurn · Hauptplatz 5 · 39040 Auer
Tel. 04 71/81 02 31 · www.castelfeder.info

69 Eine Reise durch die Erdgeschichte

Zu einer Zeitreise ins Erdaltertum lädt der Geoparc Bletterbach in Aldein ein. 16 Informationstafeln erklären dem Wanderer in diesem einzigartigen Canyon die verschiedenen Gesteinsschichten, die sich vor 280 Millionen Jahren in der Perm- und Triaszeit gebildet haben und dann vom Bletterbach wieder freigelegt wurden.

Der Bletterbach-Canyon ist das Ergebnis von Verwitterung und Abtragung. Seit der Eiszeit, vor etwa 15 000 Jahren, hat sich der Wildbach auf einer Strecke von acht Kilometern bis zu 400 Meter tief in unterschiedliche Erdzeitalter eingegraben. Schicht um Schicht wurde freigelegt. Zehn Milliarden Tonnen Gestein wurden abgetragen und ins Etschtal verfrachtet. In diesen Schichten kann nun geblättert werden wie in einem Buch. Der Aufbau der Gesteine in der Schlucht gibt Hinweise auf die Entstehung, das Klima und die Umweltbedingungen vor etwa 250 Millionen Jahren. Saurierspuren, gut erhaltene Abdrücke von Pflanzenteilen, Muscheln, Schnecken und Kopffüßler berichten vom Leben in längst vergangenen Zeiten.

Das Besucherzentrum Geoparc oberhalb von Aldein zeigt, wie es zur Entstehung der Gesteine in der Bletterbachschlucht gekommen ist. Es beherbergt fossile Funde aus der Schlucht, versteinerte Fische, Muscheln und Pflanzen. Zudem gibt es dort alle nötigen Informationen für einen spannenden, erlebnis- und lehrreichen Tag im Geoparc. Ausgangspunkt für den Geo-Weg in den Canyon ist ebenfalls das Besucherzentrum. Der Weg Nr. 3 führt zur Schlucht, dann bachaufwärts zum Butterloch-Wasserfall und über Leitern zur Aussichtsplattform. Von dort geht es weiter zur Lahner Alm (Einkehrmöglichkeit) und über den Wald-Lehrpfad wieder zurück zum Ausgangspunkt. Eine Wanderung mit ausgebildeten Führern bietet unvergessliche Naturerlebnisse und eröffnet neue Blickwinkel. Helme (Verleih im Besucherzentrum), Bergschuhe und Wanderbekleidung sind unbedingt erforderlich. Unter dem Motto »Bletterbach for Kids« bietet das Besucherzentrum spannende Programme für Kinder.

Besucherzentrum Geoparc Bletterbach · Lerch 40 · 39040 Aldein · Tel. 04 71/88 69 46
Mai–Okt. tgl. von 9.30–18 Uhr · www.bletterbach.info

280 Millionen Jahre Geschichte erzählt der Canyon des Bletterbachs in Aldein.
Das Besucherzentrum Geoparc zeigt, wie es zur Entstehung der Bletterbachschlucht gekommen ist.

Die Altreier Lupine: herrlich blaue Blüten mit gelblich-weißen Punkten
Schmackhafte lokale Spezialitäten tischt der Kürbishof in Altrei auf.

70

»Voltruier Kaffee«: mehr als nur Kaffee-Ersatz

Der »Voltruier Kaffee«, die Spezialität aus Altrei, ist so ganz und gar nicht typisch für Südtirol. Um Kaffee im eigentlichen Sinn handelt es sich dabei auch nicht. Um genau zu sein, die Samen der in Altrei beheimateten Lupinenart liefern seit Menschengedenken einen für alle erschwinglichen Kaffee-Ersatz.

Das Bergdorf Altrei mit seinen rund 400 Einwohnern liegt auf 1200 Metern Höhe an der italienisch-deutschen Sprachgrenze. Das Dorf liegt klimatisch günstig auf einer südexponierten Terrasse.

Dem Wanderer auf dem sonnigen Hochplateau stechen die leuchtend blau blühenden kleinen Äcker gleich ins Auge. Die Altreier Lupine – von der Art *Lupinus pilosus Murr. 18* – ist eine einjährige Pflanze, die bis 120 Zentimeter hoch wird. Die blauen Blüten mit ihren gelblich-weißen Punkten sitzen in Blütentrauben auf 5–15 Zentimeter langen Stielen. Die Hülsen umfassen zwei bis vier Samen und sind weich behaart. Die Samen selbst sind relativ groß, flach zusammengedrückt, haben eine raue Oberfläche und sind hell und dunkelbraun gescheckt.

Der älteste schriftliche Beleg über den Altreier Kaffee stammt aus dem Jahr 1887: In einer Biografie über den aus dem Dorf stammenden Bischof Johann Baptist Zwerger wird von der blau blühenden Bohnenfrucht berichtet, welche »als Altreier Kaffee in der Umgebung bekannt ist und selbst den Ärmsten der Armen ein kleines Verdienst einbringt«. Der Kaffee wurde vor allem für den Eigengebrauch angebaut. Der Altreier Kaffee wurde in einer Pfanne am Herd oder im Backrohr geröstet und meist mit Gerste oder Weizen, manchmal aber auch mit Feigen oder Zuckerrüben, gemischt. Frisch geröstet duftet er nach Haselnuss und Schokolade. Aufgebrüht hat er einen leicht bitteren, anregenden Geschmack. Ein eigenes Projekt fördert Erhalt und Weiterentwicklung der botanischen und kulturgeschichtlichen Rarität.

▶ Im Gasthaus Kürbishof in Guggal 23 in Altrei wird neben typischen regionalen Spezialitäten auch Altreier Kaffee serviert. Tel. 04 71/88 21 40, www.kuerbishof.it

Tourismusverein Altrei · Rathausplatz 1c · 39040 Altrei · Tel. 04 71/88 20 77
Di, Do, Fr 8–12.30 Uhr · www.trudnerhorn.com

71

Pionier der Weißweinkultur in Italien

Wenn heute in Italien von großen Weißweinen – vor allem von charaktervollen, langlebigen Weißweinen – die Rede ist, dann spricht jedermann beinahe ehrfürchtig von der Kellerei Terlan. Den Grundstein für diese Entwicklung hat der langjährige Kellermeister und Weißwein-Pionier Sebastian Stocker gelegt.

In den tiefen Kellern der Kellerei Terlan lagern an die 100 000 Flaschen: Man findet hier alle Jahrgänge von 1955 bis heute. Kellermeister Sebastian Stocker hat einst heimlich von jedem Jahrgang 500 Flaschen versteckt, um zu sehen, ob sich seine Theorie von der Langlebigkeit der Terlaner Weine bewahrheiten würde. Heute sind diese Weine das Kapital der Kellerei und der Ausgangspunkt einer neuen Weißweinkultur in ganz Italien. Die teils über 50 Jahre alten Weine bestechen noch heute durch atemberaubende Frische, feine Säure und reine Aromen. Terlans älteste Flasche stammt übrigens aus dem Gründungsjahr der Kellerei, von 1893.

Langlebigkeit, Vielschichtigkeit und Charakter – das sind die wesentlichen Qualitätsmerkmale der Terlaner Weine. »Dafür verantwortlich ist vor allem der hohe Mineralgehalt der Böden. Er führt zu positiven Stabilitätseffekten und gibt den Weinen beeindruckende Frische und Finesse mit auf ihren langen Lebensweg«, berichtet der heutige Kellermeister Rudi Kofler. Terlans Weinberge reichen von den sanften Hügellagen in der Talsohle auf 250 Metern bis hinauf zu den steilen Gebirgshängen mit extremen Vegetationsbedingungen auf 900 Metern Höhe.

Große Weine brauchen Raum und Zeit – getreu diesem Grundsatz wurde die Kellerei vor einigen Jahren umgebaut und erweitert. Kernstück der Anlage ist der zur Gänze mit Porphyr ausgekleidete Keller zur Lagerung der Weine. Rudi Kofler: »Die Weine liegen oft jahrelang auf der Hefe im Gebinde, ehe sie sich ganz ohne Eile in der Flasche zu ihrer Vollendung entwickeln.« Durch die langsame Reife gewinnen die Weine an ausgeprägt gebietstypischem Charakter und an großer, vielschichtiger Komplexität.

Kellerei Terlan · Silberleitenweg 7 · 39018 Terlan · Tel. 04 71/25 71 35 · Mo–Fr 8–18, Sa 8–12 Uhr
www.kellerei-terlan.com

In der Kellerei Terlan finden die Weine genügend Zeit, um ihren vollen Charakter zu entwickeln. Terlans gereifte Weißweine sorgen für Schlagzeilen in der internationalen Weinwelt.

Die Badegäste erwartet auf der rund 1000 Quadratmeter großen Schwimmfläche im Naturbad Gargazon reines Badevergnügen in chlorfreiem Wasser.

Chlorfrei und nachhaltig: das Naturbad Gargazon

72

Das 2010 in Gargazon eröffnete Naturbad ist das erste seiner Art in Südtirol. Wasser, Natur und Spaß vereinen sich in diesem Projekt der ökologischen Nachhaltigkeit. Das Besondere an diesem Schwimmbad: eine natürlich angelegte Wasserlandschaft und der vollkommene Verzichtet auf chemische Zusätze.

Das Naturbad der Gemeinde Gargazon ist ein kleines Ökosystem, stimmig, nachhaltig und naturnah. Die Wasserreinigung wird durch das Zusammenwirken von Wasserpflanzen, Phyto- und Zooplankton sowie durch die Umwälzung des Teichwassers über Pflanzenfilter und durch mechanische Pflegemaßnahmen erreicht. Die Frischwasserzufuhr aus dem Tiefwasserbrunnen hält Wassertemperatur und -qualität konstant. Der gänzliche Verzicht auf fossile Wärmeerzeugung für das Badewasser trägt zur Verbesserung der CO_2-Bilanz bei. Die Beheizung des gesamten Duschwassers erfolgt über die Nutzung von Sonnenkollektoren. Nicht nur Allergiker wissen das Schwimmen hier zu schätzen. Trockene Haut, juckende Hautreizungen, Chlorgeruch in den Haaren, gerötete Augen, gereizte Schleimhäute … von solchen Nebenwirkungen bleiben die Gäste im Naturbad Gargazon verschont.

Ein natürlich angelegter Bachlauf mit Kleinkinderbecken ist bei einer Wassertiefe von maximal 30 Zentimetern ideal zum Spielen und Planschen. Der Nichtschwimmerbereich mit einer Wassertiefe bis zu 1,20 Meter ist über einen Kiesstrand zugänglich. Schwimmer können sich im 50-Meter-Becken und im separaten Spaßbecken bei einer Wassertiefe bis zu zwei Metern austoben. Im Rahmen des Kultursommers finden Konzerte, Lesungen und Filmabende für die ganze Familie statt. Das Naturbad liegt in unmittelbarer Nähe des Bahnhofs, direkt am Radweg entlang der Etsch von Meran nach Bozen und ist auch ohne Auto bequem erreichbar.

▶ **In Gargazon lädt das Bio- und Naturhotel theiner's garten zum Rückzug aus dem Alltag ein. Andreas-Hofer-Str. 1, 39010 Gargazon, Tel. 04 73/49 08 80, www.theinersgarten.it**

Naturbad Gargazon · Bahnhofstraße 37 · 39010 Gargazon · Tel. 04 73/29 11 29
Mitte Mai–Mitte Sept. tgl. 10–19 Uhr · www.naturbad-gargazon.it

73 Hidalgo serviert das teuerste Fleisch der Welt

Ein Fleisch, das wortwörtlich auf der Zunge zergeht: Wenn die Worte Kobe Beef oder original japanisches Wagyu–Beef fallen, dann schlägt das Herz der Fleischliebhaber höher. Seit Kurzem gibt es das teuerste und zarteste Fleisch der Welt auch in Südtirol: im Fleisch-Gourmet-Restaurant Hidalgo in Burgstall.

Seit Juli 2013 darf die japanische Fleischrarität Wagyu nach Europa und Amerika exportiert werden. Die meisten denken dabei gleich an die spezielle Rinderrasse, die angeblich massiert wird, Bier trinkt und mit klassischer Musik beschallt wird. Nicht umsonst zählt die Spezialität aus Japan zum teuersten und zartesten Fleisch der Welt. Der Kilopreis beträgt im Durchschnitt zwischen 400 und 500 Euro. Wagyu Beef und Kobe Beef sind Marken mit Herkunftsbezeichnung, ähnlich dem Champagner oder dem Cognac. Wagyu, das bedeutet übersetzt: japanisches (wa) Rind (gyu). Feine Marmorierung und glänzendes, intramuskuläres Fett zeichnen dieses Fleisch aus, machen es so zart und lassen das Fett schon bei 25 °C im Mund zergehen. Dabei wird die fünfte, wohlschmeckend-vollmundige Qualität des Geschmacksinns freigesetzt: Umami.

Im Hidalgo Beef Tasting in Burgstall wird seit Kurzem original Wagyu mit der Marke Kobe Beef aus Japan angeboten. Das Restaurant gehört somit zu den handverlesenen Restaurants weltweit und zum zweiten in Italien, welches offiziell japanisches Kobe Beef und original Wagyu anbietet. Otto Mattivi war schon immer ein Vorreiter in puncto Fleisch. Vor 35 Jahren war es das argentinische Rindfleisch, das es dem Gründer des Restaurants angetan hatte. »35 Jahre später und um viele Fleischsorten reicher, haben wir mit dem ›Hidalgo Beef Tasting‹ ein neues Restaurant im Restaurant Hidalgo eröffnet: das erste Fleischverkostungsrestaurant Europas in japanisch-mediterranem Ambiente«, freut sich Mattivi. Dem teuersten, besten und gesündesten Fleisch der Welt werden regionale, nationale und internationale Fleischspezialitäten gegenübergestellt.

Restaurant Hidalgo · Romstr. 7 · 39014 Burgstall · Tel. 04 73/29 22 92
tgl. 12–14 und 19–22 Uhr · www.restaurant-hidalgo.it

Wagyu der Marke Kobe Beef aus Japan: das teuerste und gesündeste Fleisch der Welt
Otto Mattivi ist in Südtirol ein Vorreiter in Sachen Fleischkultur.

Bestes Kinospektakel bei freiem Eintritt und rund um die Uhr bietet das »Knottnkino« in Vöran.
Sepp Reiterer, Südtirols Sektbotschafter, kredenzt seine Tropfen auf 1140 Metern Meereshöhe.

Naturgenuss im originellsten Kino Südtirols

74

Titel: die Natur. Inhalt und Drehbuch: die Natur. Protagonist: die Natur … Kino pur, rund um die Uhr bietet das Knottnkino auf dem porphyrroten Rotsteinknottn, dem Rotsteinkogel über Hafling und Vöran. Der Rittner Künstler Franz Messner hat hier im Jahr 2000 sein Freiluftkino installiert.

»Knottn«, das bedeutet im Südtiroler Dialekt »Fels«. Auf einem solchen Felsvorsprung, 1465 Meter hoch über dem Meraner Talkessel, stehen 30 im Boden verankerte Kinosessel aus Stahl und Kastanienholz unter freiem Himmel. Diese laden die Wanderer dazu ein, Platz zu nehmen und die einmalige Aussicht wie in einem Kino zu genießen. Das originellste Kino Südtirols bietet bestes Kinospektakel, bei freiem Eintritt und rund um die Uhr, mit ständig wechselndem Programm, je nach Jahreszeit, Tageszeit und Wetter. Im grandiosen Blickfeld liegen das Etschtal und das Burggrafenamt mit Meran und seinen Seitentälern. Dahinter erheben sich die Ultner Berge und das Ortlermassiv, die Ötztaler Alpen und der Naturpark Texelgruppe. Besondere Highlights sind natürlich die Sonnenuntergänge am Rotsteinknottn sowie die Vollmondnächte. Da braucht es kein Popcorn und keine Leinwand – und keine Werbepausen. Die Natur spielt Kino: Die Besucher erwartet der längste Film, den ein Kino zeigen kann.

▶ Im nahe gelegenen Mölten liegt Europas höchstgelegene Sektkellerei Arunda-Vivaldi von Südtirols Sektpionier Sepp Reiterer. – Prof.-Josef-Schwarz-Str. 18, 39010 Mölten, Tel. 04 71/66 80 33, www.arundavivaldi.it

Für die Wanderung zum Knottnkino empfiehlt sich die Fahrt mit der Seilbahn von Burgstall nach Vöran. Von der Bergstation aus durchquert man das Dorf bis zum Parkplatz beim Gasthof Grüner Baum (1317 Meter). Von hier aus führt der Schützenbründlweg 14 (ehemals 12A) leicht ansteigend über das sonnige Hochplateau des Tschögglberges bis zum Fuße des Rotsteinkogels. Das letzte Stück hinauf auf den Knottn ist etwas steil. Hin und zurück benötigt man für die Wanderung knappe zweieinhalb Stunden.

Tourismusverein Hafling-Vöran-Meran 2000 · St. Kathrein Str. 2b · 39010 Hafling · Tel. 04 73/27 94 57 · Mo–Fr 8.30–12.30 und 13.30–17.30, Sa 8.30–12.30 Uhr · www.meranerland.com

75 Der schönste Garten Italiens

Die Gärten von Schloss Trauttmansdorff in Meran stellen auf zwölf Hektar über 80 Garten-, Natur- und Kulturlandschaften mit Pflanzen aus aller Welt vor. Neben dem Ötzi-Museum in Bozen sind sie zu Südtirols Besucherattraktion Nummer eins, zum beliebten Ausflugsziel und zu einem Erlebnis für alle Sinne avanciert.

Vier Themenbereiche bilden die Schwerpunkte von Trauttmansdorff: Die Waldgärten zeigen Miniaturwälder aus Amerika und Asien, die Sonnengärten bezaubern durch Landschaftsbilder des Mittelmeerraums, die Wasser- und Terrassengärten präsentieren gestaltete Gartenräume mit Treppen und Wasserläufen. Die Landschaften Südtirols schließlich gewähren Einblicke in die ursprüngliche heimische Pflanzenwelt.

Einzigartig ist in den Gärten von Schloss Trauttmansdorff die Verbindung von Kunst und Natur mit zehn Kunstpavillons, einer thematisch verwandten Fauna sowie historischer und aktueller Architektur. Gemäß dem Leitmotiv »Gärten in Bewegung« verändert sich das Erscheinungsbild der Gärten Woche für Woche – durch den ganzen Jahreskreislauf hindurch. Jährlich kommen neue Gartenbereiche und Attraktionen hinzu. Durch Sonderausstellungen und musikalisch-kulinarische Events – lauschige Sommernächte mit World Music vom Feinsten, ein gemütliches Frühstück bei Sisi, Abende mit exotischen Gartencocktails – und durch themenspezifische Gartenführungen wird Botanik immer als mehrdimensionales Sinneserlebnis vermittelt. Sämtliche Wege sind kinderwagen- und rollstuhlgerecht.

Und dann ist da auch noch das erste Tourismusmuseum des Alpenraums, das Touriseum im ehemaligen Feriensitz von Kaiserin Elisabeth. Das romantische Schloss Trauttmansdorff mit seinem herrlichen Ausblick auf Meran und die terrassenförmige Gartenlandschaft ist einen Besuch wert. Für die gelungene Verbindung von Natur, Kultur und Kunst wurden die Gärten zum »schönsten Garten Italiens« und auf der International Garden Tourism Conference zum »Internationalen Garten des Jahres 2013« gekürt.

Gärten von Schloss Trauttmansdorff · St.-Valentin-Str. 51a · 39012 Meran
Tel. 04 73/23 57 30 (Gärten) · Tel. 04 73/27 01 72 (Touriseum) · www.trauttmansdorff.it

Das Erscheinungsbild der Gärten von Schloss Trauttmansdorff ändert sich Woche für Woche – durch den ganzen Jahreskreislauf hindurch.

Wechselnde Sonderausstellungen und ein abwechslungsreiches Rahmenprogramm im Meraner Frauenmuseum

Schönheitsideale und Frauenrollen

76

Das Frauenmuseum in Meran ist ein museales Schmuckstück in Südtirols bunter Museumslandschaft. Das 1988 gegründete Museum ist im ehemaligen Klarissenkloster und Mädcheninternat am Kornplatz im Zentrum von Meran untergebracht, das seit dem Jahr 1309 Frauengeschichte in der Stadt mitgeschrieben hat.

Die gebürtige Vorarlbergerin Evelyn Ortner gründete im Jahr 1988 in Eigeninitiative ihr »Museum für Kleid und Tand« unter den Lauben in Meran. Mit historischen Modeschauen, Sonderausstellungen und vielerlei Aktivitäten machte Ortner schon bald über die Grenzen von Meran hinaus auf ihr kleines Museum aufmerksam.

Im innovativ gestalteten Museum wird heute auf zwei Stockwerken eine permanente Ausstellung gezeigt. Im Mittelpunkt stehen Kultur- und Alltagsgeschichte aus weiblicher Sicht: die Darstellung von Frauenidealen, -bildern und -rollen im 19. und 20. Jahrhundert anhand von Kleidern, Accessoires, Alltagsgegenständen, Büchern und Dokumenten. Der jeweilige Zeitgeist und die Bedeutung der Frau im Laufe der Geschichte werden anschaulich dokumentiert. »Die weibliche Wirklichkeit sichtbar machen, welche in der allgemeinen Geschichtsschreibung ausgeblendet wird«, das wollen die Museumsmacherinnen. Als Symbol haben sie nicht ohne Grund ein Korsett gewählt, lange Zeit es ein fester Bestandteil der weiblichen Kleidung.

▶ Ein Besuch empfiehlt sich auch im Museum »Kunst Meran/o Art« mit ansprechenden Ausstellungen zur zeitgenössischen Kunst und Architektur. Lauben 163, www.kunstmeranoarte.org

Hinzu kommen wechselnde Sonderausstellungen, ein abwechslungsreiches Rahmenprogramm zu frauen- und genderrelevanten Themen sowie eine gut ausgestattete Fachbibliothek. Das nach Evelyn Ortner benannte Frauenmuseum Meran ist ganzjährig geöffnet und sieht sich heute als vielseitiger Ort der Begegnung, als Netzwerk der Forschung und wurde zum Knotenpunkt der International Association of Women's Museums (IAWM).

Frauenmuseum · Meinhardstr. 2 · 39012 Meran · Tel. 04 73/23 12 16
Mo–Fr 10–17, Sa 10–12.30 Uhr · www.museia.it

77 Wein & Genuss: das Meran/o WineFestival

Das mondäne Meraner Kurhaus öffnet alljährlich im November seine Tore für eines der exklusivsten und elegantesten Weinevents in Europa: für das Meran/o WineFestival. Weinproduzenten aus aller Welt stellen ihre edlen Tropfen vor, während Culinaria Selection erlesene Delikatessen aus ganz Italien bietet.

Das Meran/o WineFestival ist in den 25 Jahren seines Bestehens zu einer der exklusivsten Veranstaltungen für Fachleute und Gourmets aus aller Welt avanciert: zu einem Treffpunkt und einer Kontaktbörse für Medien, Fachpublikum und Weinliebhaber, die sich den exzellenten Geschmacksfreuden verschrieben haben. Das WineFestival wird jedes Jahr mit der »bio&dynamica« eröffnet, auf der sich die bunte und kontinuierlich zunehmende Welt der biologischen Weine präsentiert. Übers Wochenende steht dann drei Tage lang das eigentliche WineFestival im Mittelpunkt, das Tausende von Besuchern in die herbstliche Passerstadt lockt. Über 300 Kellereien und rund 100 Gastronomiebetriebe aus Italien sowie rund 150 Weinproduzenten aus aller Welt präsentieren die Höhepunkte der italienischen und internationalen Wein- und Delikatessenproduktion und bieten Einblicke in die Besonderheiten der einzelnen Regionen. Das Festival widmet sich den authentischen Geschmacksrichtungen entlang eines Parcours, bei dem die Besucher die Produkte verkosten und sich mit den anwesenden Produzenten unterhalten können. Einen Blick hinter die Kulissen erlaubt die Show-Cooking Chef's Challenge mit renommierten Profis und Sterneköchen, bei der man in einem Live-Spektakel miterleben kann, wie hohe Kochkunst entsteht. Aber auch ein weiteres Kultgetränk findet beim Meran/o WineFestival seinen eigenen Platz: eine Auswahl erlesener Braukunst und internationaler Labels. Auf dem Meran/o WineForum diskutieren internationale Fachleute aktuelle Themen aus der Welt rund um den Wein, wie etwa die Auswirkungen des Klimawandels auf die Weinproduktion in Europa. WineHunter Helmuth Köcher inszeniert seit 1992 dieses Ereignis mit viel Engagement und Unternehmergeist.

Meran/o WineFestival · Gourmet's International · Bernhard-Johannes-Str. 9 · 39012 Meran
Tel. 04 73/21 00 11 · www.meranowinefestival.com

Eine der exklusivsten Veranstaltungen der internationalen Weinwelt: das Meran/o WineFestival
WineHunter Helmuth Köcher inszeniert seit 1992 das mondäne Ereignis.

Pur Südtirol: gesundes Essen aus der Region sowie erstklassige Produkte …
… und eine große Auswahl an kulinarischen und önologischen Delikatessen

Pur Südtirol – Lebensart made in Südtirol

78

Regionalität, Saisonalität und Nachhaltigkeit – diese Grundsätze hat sich das Team von Pur Südtirol auf die Fahnen geschrieben. Die vier Pur-Genussmärkte in Meran, Bozen, Bruneck und Lana sind dementsprechend Feinschmeckertreffpunkte der besonderen Art: Sie bieten ausschließlich Qualität aus Südtirol an.

»Das Faible für gutes, gesundes Essen aus der Region, die Liebe zur Natur und die Begeisterung für erstklassige Produkte hat uns zusammengeführt«, erzählen Sommelier Günther Hölzl, seit 1992 erfolgreicher Leiter des Meraner Weinhauses, und Vertriebs- und Marketingexperte Ulrich Wallnöfer. Aus der gemeinsamen Idee, regionale Qualität zu fairen Preisen – direkt von den Produzenten und ohne große Zwischenhändler – für jeden zugänglich zu machen, entstand Pur Südtirol – ein Genussmarkt mit Erlebnisgastronomie. Qualität ist für die beiden Unternehmer »ein Anspruch, der sich durch alle Ebenen zieht: vom Anbau, der Verarbeitung der Produkte und deren Präsentation bis hin zu den partnerschaftlichen Beziehungen zu Kunden, Mitarbeitern und Lieferanten«. Speck und Käse, Früchte, Trockenobst und Gemüse, Butter, Milch, Marmeladen und Brot, Wein, Säfte, Essige und Destillate, Tee- und Gewürzmischungen, Brennnesselnudeln oder Schüttelbrot-Tagliatelle stehen bei Pur Südtirol für die Echtheit und Traditionsverbundenheit des Landes und seiner Menschen. Die rund 1500 angebotenen lokalen Produkte werden sauber und umweltgerecht von heimischen Bauern und Produzenten produziert.

Neu ist die Initiative Pur Manufactur. In Zusammenarbeit mit dem Designer Harry Thaler und lokalen Handwerkern haben die Organisatoren von Pur Südtirol eine neue Designlinie ins Leben gerufen, die es ermöglicht, traditionelles Handwerk kombiniert mit innovativem Design zu einem vernünftigen Preis zu erstehen. Die Pur-Südtiroler Spezialitäten können auch direkt über den Onlineshop von Pur Südtirol erworben werden. Bestellungen ab 100 Euro werden gratis an die gewünschte Adresse geliefert.

Genussmärkte Pur Südtirol: Meran · Freiheitsstr. 35 · Tel. 04 73/01 21 40 · **Bozen** Perathonerstr. 9 · Tel. 04 71/09 56 51 · **Bruneck** · Herzog-Sigmund-Str. 4a · Tel. 04 74/05 05 00 **Lana** · Industriezone 8 · Tel. 04 73/01 21 46 · www.pursuedtirol.com

79 Schloss Tirol: Stammburg und Landesmuseum

Schloss Tirol, das bedeutendste Schloss des Landes, thront majestätisch hoch über Meran auf einem mächtigen Moränenhügel. Die Stammburg der einstigen Grafen von Tirol hat dem Land seinen Namen gegeben und beherbergt heute das Südtiroler Landesmuseum für Kultur- und Landesgeschichte.

Um 1140 erbauten die Grafen von Tirol ihre Residenz, die schon bald zum bedeutendsten Schloss in ganz Tirol wurde. Der Burghügel war bereits in der Urgeschichte besiedelt.

Seine Blütezeit erlebte Schloss Tirol unter der Herrschaft der Gräfin Margarete Maultasch von Tirol. 1363 vermachte diese ihr Land im Einvernehmen mit den Landständen ihrem Verwandten, dem Habsburger Rudolf dem Stifter. Die Burg blieb bis 1420 die Residenz der Tiroler Landesfürsten. Dann verlegte Herzog Friedrich mit der leeren Tasche diese in das verkehrstechnisch günstiger gelegene Innsbruck.

▶ In der Falknerei neben Schloss Tirol befindet sich eine Pflegestation für Greifvögel mit täglichen Flugvorführungen. (11.15 und 15.15 Uhr) Tel. 04 73/22 15 00, www.gufyland.com

Die Kernburg besteht aus dem Südpalas mit Kapelle, dem Ostpalas, Wehrgang, Mushaus, dem Bergfried, Küchenhof und den Wirtschaftsgebäuden. Kunsthistorisch besonders interessant ist die Burgkapelle. »Die herrlichen Portale sind die hervorragendsten Beispiele romanischer Bauplastik in Tirol. In ihrem Programm um Häresie, Sündenfall und Heilsgeschehen stellen sie ein in Marmor gemeißeltes Lexikon des Weltbildes, der Symbolik und Gebärdensprache im Mittelalter dar«, erklärt Museumsdirektor Leo Andergassen. Der Altar in der Oberkapelle ist der älteste Flügelaltar im Alpenraum. Auch die bauplastisch sehr reich ausgearbeiteten und der lombardischen Traditionen verpflichteten Kapitelle im Rittersaal zählen zu den Hauptwerken romanischer Steinmetzkunst des 12. Jahrhunderts. Über dem Eingang zur Kapelle befindet sich die älteste erhaltene Darstellung des Tiroler Adlers aus dem 13. Jahrhundert.

Schloss Tirol · Schlossstr. 24 · 39019 Tirol · Tel. 04 73/22 02 21 · Mitte März–Anfang Dez. Di–So 10–17 Uhr, Führungen: Di–Sa 10.15 und 14 Uhr · www.schlosstirol.it

Schloss Tirol: das bedeutendste und geschichtsträchtigste Schloss in ganz Tirol

Die Dauerausstellung »Miër Psairer« stellt zahlreiche Objekte der Volkskundesammlung vor.
Im Museum über den Tiroler Viehhändler, Wirt, Rebellenführer und Freiheitsheld Andreas Hofer

Ein Museum für Tirols Freiheitsheld

80

Andreas Hofer (1767–1810), Tirols Held und Anführer in den Freiheitskriegen um 1809 gegen Franzosen und Bayern, hat ein eigenes Museum. In seinem Geburtshof in St. Leonhard in Passeier, im historischen Sandhof, werden die einschneidenden Ereignisse der ersten Jahrzehnte des 19. Jahrhunderts anschaulich dargestellt.

Helden & Hofer – unter diesem Motto nähert sich die Dauerausstellung dem Tiroler Viehhändler, Wirt, Rebellenführer und Held und zeigt auf, wie es 1809 zum Aufstand der Tiroler gegen Napoleon kam: »Sie erlaubt einen Blick hinter Hofers Stirn, in seine Verzweiflung über Gott und den Kaiser. Und sie erklärt, wie die Zeit nach Hofer aus ihm trotz seines Scheiterns einen Helden fabrizierte. Die Ausstellung Helden & Hofer geht über Andreas Hofer hinaus. Es wird deutlich, wie Helden entstehen und wofür man sie gebrauchen und auch missbrauchen kann.« Der Bogen, der all diese Helden – von Andreas Hofer über Superman bis zu Nelson Mandela – vereint, ist die zeitlose und daher die stets aktuelle Frage: Warum brauchen wir eigentlich Helden?

▶ Vom Museum Passeier startet der »Norggensteig« mit 13 den schrulligen Sagengestalten gewidmeten Stationen – mit anschließendem Lehrpfad zur Fischerei und Imkerei.

Auf dem Freigelände steht ein für das Passeiertal typischer Haufenhof mit Wohnhaus, Scheune und Nebengebäuden: Mühle, Schmiede, Backofen, Getreidekasten, Lodenwalke und Bienenstand. Die 2015 eröffnete Dauerausstellung »Miër Psairer« stellt die zahlreichen Objekte der Volkskundesammlung – Exponate zum Thema Tracht, Volksmedizin, Urgeschichte und zu alten Handwerksberufen – in ein neues Licht und verbindet sie mit den ausgeprägten Charakterzügen der Bewohner des Tales. Unmittelbar neben dem Museum Passeier steht auch die Andreas-Hofer-Gedächtniskapelle (1899) mit der Darstellung des Tiroler Aufstandes von 1809 und von Hofers Tod. Etwas unterhalb steht eine zweite Kapelle, das Heilig-Grab-Kirchlein, das 1691 vom Urgroßvater Hofers nach einem Besuch in Jerusalem errichtet wurde.

Museum Passeier · Passeirerstr. 72 · 39015 St. Leonhard in Passeier · Tel. 04 73/65 90 86
Mitte März–Okt. Di–So, Aug., Sept. auch Mo 10–18 Uhr · www.museum.passeier.it

81 Erlebnis Kränzelhof: ein Weingut auf Irrwegen

Weinberge, ein mittelalterlicher Ansitz und sieben Gärten: Ein für Südtirol einzigartiges Ensemble vereint sich am Kränzelhof in Tscherms bei Meran. Ein Labyrinthgarten aus Rebstöcken bildet das Herz der Anlage. Kunstwerke und lebendige Installationen fügen sich nahtlos ins Gelände.

»Die erste Obstanlage wurde 2004 gerodet. Der Irrgarten, die Modellierung der Landschaft und punktuelle Bepflanzungen waren der Beginn«, berichtet Franz Graf Pfeil. Hinter seinem Projekt stand »der Wunsch, etwas zu schaffen, das mir und meiner Familie nachhaltig Freude bereitet und meine Tätigkeit als Winzer und Kellermeister sinnvoll ergänzt«. Die insgesamt sieben Gärten bilden eine lebendige, 20 000 Quadratmeter große Installationsskulptur. Der Weg führt – mit vielen Impulsen und offenen Fragen – durch den Garten des Vertrauens (Vertraue ich, kann ich mich spontan entscheiden?), den Garten der Sinnlichkeit (Was sehe, rieche, höre ich?), den Labyrinthgarten (Unser Gehirn ist ein Labyrinth. Wir können uns leicht in Gedanken, Emotionen, Wahrheiten verlieren. Wie finde ich wieder heraus?), das Amphitheater (Welche Rollen spiele ich? Welche Masken trage ich?), den Garten der Liebe (Die Liebe will gepflegt werden wie ein Garten.), den Yin- und Yang-Garten (Hell und dunkel, alles ist in uns.) und den Weingarten (die Basis für die Weinkunstwerke im 800 Jahre alten Weingut). »Die Besucher werden nicht mit konkreten Aussagen konfrontiert und in vorbestimmte Denkbahnen geleitet. Sie werden vielmehr gedanklich angeregt und belebt. So können sie Zeit und Alltag vergessen, können sich versenken, sich öffnen, mögen fliegen – ganz wie ihnen zumute ist«, bringt Franz Graf Pfeil seine Vision auf den Punkt. »Wir sprechen Menschen an, die intelligente Entspannung suchen, die Natur, Kunst und Wein genießen.« Führungen durch den Garten, Meditationsübungen und individuell gestaltete Weinproben stehen auf dem Programm. Und Küchenchef Othmar Raich, Südtiroler Weinkulturpreisträger 2016 lädt in sein Restaurant Miil in der alten Mühle des Ansitzes ein.

Erlebnis Kränzelhof · Gampenstr. 1 · 39010 Tscherms · Tel. 04 73/56 45 49
Gärten: Ende März–Anfang Nov. tgl. 9.30–20 Uhr · www.kraenzelhof.it
Restaurant Miil · Tel. 04 73/56 37 33 · Mo–Fr 12–15.30 und 19–24 Uhr · www.miil.it

Garten der Sinnlichkeit: Was sehe, rieche, schmecke und höre ich?
In der alten Mühle des Ansitzes lädt Küchenchef Othmar Raich zu besonderen Geschmackserlebnissen ein.

Eine kreative, schnörkellos leichte Küche mit den Zutaten der Region ist bei Anna, Luis und Elisabeth Matscher im Restaurant Zum Löwen an der Tagesordnung.

Anna Matscher: Südtirols einzige Sterneköchin

82

Anna und Luis Matscher sind Quereinsteiger in der Südtiroler Restaurantszene. 1987 übernahmen sie das Dorfgasthaus »Zum Löwen« in Tisens bei Meran. Als Autodidaktin arbeitete sich Anna zu Südtirols bester Küchenchefin und einziger Michelin-Sterne-Köchin und Luis zum leidenschaftlichen Berufssommelier empor.

Anna hat in Wien den Beruf der Masseuse erlernt. Luis war im Bankgeschäft tätig – bis diese Herausforderung auf das Paar zukam. Freude am Kochen hatte Anna schon seit ihrer Kindheit. Ihr heimlicher Berufswunsch war der der Konditorin. In der neuen Küche begann sie als reine Autodidaktin. Einzige Starthilfe: ein zweiwöchiges Praktikum bei Hans Haas im Münchner Tantris. »Dort habe ich viel gelernt, angefangen bei der Zubereitung der Soßen bis hin zur Küchenphilosophie von Haas, bei der die Leichtigkeit immer im Mittelpunkt stand.« Leichtigkeit, Frische und Geschmacksvielfalt zeichnen Anna Matschers Küche seither aus. Eine kreative, schnörkellos leichte Küche mit den Zutaten der Region ist im »Löwen« an der Tagesordnung.

In der ehemaligen Scheune mit angrenzendem Stall und luftigem Innenhof haben die beiden mit Feingefühl und sicherem Gespür für Innenarchitektur ein einfaches, einladendes mediterran-alpines Ambiente für ihr Restaurant geschaffen. Luis und Tochter Elisabeth empfangen die Gäste mit ungespielter Herzlichkeit. Drei Menüs stehen zur Auswahl: Kreativ, Südtirol und Green. Neben Fisch, Lamm, Kitz und Kräutern stehen Innereien hoch im Kurs, wie Cappuccino vom Kalbsbries, Kalbsniere auf Gerstenrisotto oder Leber und Beuschel vom einheimischen Lamm. Wer es nicht so mit Innereien hat, der kommt ebenso auf seine Kosten, etwa bei Carbonara von weißem Spargel, frittiertem Gemüse, Kabeljaufilet im eigenen Sud mit getrockneten Auberginen und Basilikum oder einheimischen Kitz mit Olivenöl und Rosmarin gebraten. Anna Matscher lässt sich nicht einordnen und geht mit Konsequenz ihren eigenen Weg. Ihre Gerichte sind Ausdruck einer Kochkunst, die Präsentation, Geschmack und Qualität in perfekter Harmonie vereint.

Restaurant Zum Löwen · Hauptstr. 72 · 39010 Tisens · Tel. 04 73/92 09 27 · Mi–So 12–13.30 und 19–21.30 Uhr · www.zumloewen.it

83 Ein Museum für das Apfelparadies Südtirol

Jeder zweite in Italien geerntete Apfel stammt aus Südtirol. Jedes Jahr werden hier ca. 950 000 Tonnen Äpfel geerntet, das sind 50 Prozent der italienischen und zehn Prozent der europäischen Apfelernte. Das Südtiroler Obstbaumuseum in Lana gewährt Einblicke, Brauchtum und Arbeit der Obstbauern.

Der Obstanbau hat in vielen Gegenden Südtirols eine lange Tradition. 7000 Obstbauern kümmern sich heute auf einer Fläche von 18 500 Hektar um den Anbau des Südtiroler Apfels. Rund die Hälfte der geernteten Äpfel wird in Europa und den arabischen Ländern verkauft. Mit 30 Prozent Exportanteil hat Deutschland den größten Appetit auf Südtiroler Äpfel. Im mittelalterlichen Ansitz Larchgut werden die Besucher über die Geschichte und die wirtschaftliche Bedeutung des Obstbaus in Südtirol informiert. Der Ansitz mit seinem Wohnturm wurde erstmals im Jahr 1301 urkundlich erwähnt.

Die Ausstellungsstücke im Museum stammen aus Weinbau, Ackerbau und Viehzucht. Darunter befindet sich die älteste Weinpresse Südtirols aus dem Jahr 1570. Trachten, Gebrauchsgegenstände und religiöse Kleinkunst spiegeln die einstige bäuerliche Lebensform wider. Der Aufschwung des erwerbsmäßigen Obstbaus in Südtirol erfolgte erst nach der Urbarmachung des versumpften Etschtals im 19. und 20. Jahrhundert. 60 informative Schautafeln führen durch das Museum und erläutern die Entwicklung des Obstbaus. Eigene Schwerpunktthemen sind dem Frostschutz, der Bewässerung und dem Pflanzenschutz gewidmet. Der Einsatz neuer Medien und zeitgenössischer Anschauungsmodelle ermöglicht es dem Besucher, sich auf unterhaltsame Weise mit dem Thema zu beschäftigen. Im Stadel des Anwesens werden Transportmittel und Geräte vorgestellt.

▶ Die Pfarrkirche von Niederlana zählt zu den schönsten Werken der Südtiroler Spätgotik. Der aus dem 16. Jahrhundert stammende prächtige Flügelaltar von Hans Schnatterpeck ist weit über die Landesgrenzen hinaus bekannt. Tourismusverein Lana, Andreas-Hofer-Str. 9, Tel. 04 73/56 17 70, www.lana.info

Südtiroler Obstbaumuseum · Brandiswaalweg 4 · 39011 Lana · Tel. 04 73/56 43 87
April–Okt. Mo–Sa 10–17, Juni nur Mo–Fr · www.obstbaumuseum.it

Jeder zehnte Apfel in Europa wächst in Südtirol, in Italien ist es jeder zweite.

84 Im vigilius mountain resort: einfach sein

Kein Auto, kein Lärm, kein Stress. Einfach nur Stille und Natur. Und die Luft schmeckt nach Lärchen und Freiheit. So steht's im Werbekatalog für das Vigiljoch, dem einstigen Sommerfrischeort der Bürger von Lana und Meran. Heute kommen Gäste hier herauf, die wieder gerade all diese Vorzüge suchen.

Die Seilbahn ist das einzige Verkehrsmittel, um von Lana auf das Vigiljoch zu gelangen. In sieben Minuten bewältigt sie leise surrend die 1200 Meter Höhenunterschied und entführt in eine andere Welt. Gleich neben der Seilbahn-Bergstation schmiegt sich das Fünf-Sterne-Designhotel vigilius mountain resort in die Natur – ein moderner Holzbau, ein »liegender Baumstamm, der sich so selbstverständlich in die Landschaft einfügt, als hätte er schon immer da gelegen«. Kein Geringerer als Stararchitekt Matteo Thun hat hier auf 1500 Metern das Berg- und Bio-Designhotel konzipiert. »Ein

Das moderne Design strahlt im vigilius mountain resort auf Anhieb Behaglichkeit aus.

geheimes Versteck, das sich der Umgebung anpasst, wie die Baumhäuser, in denen die Kinder Unterschlupf finden.« Das lang gestreckte Gebäude besteht vorwiegend aus Holz, großflächigen Glasfronten und Naturstein. Die 35 Zimmer und sechs Suiten sind mit Lärchenholz getäfelt, beheizbare Lehmwände dienen als Raumteiler zwischen Schlafzimmer und Bad. Horizontallamellen vor der gekrümmten Fassade schützen die Räume vor der Sonne und verleihen dem Bau seine elegante Dynamik.

»Niemand sein müssen, sondern einfach sein dürfen – und alles Unwichtige unten im Tal lassen«, das bieten die Gastgeber den Gästen des Hauses an. Gleich in der Eingangshalle duftet es würzig nach frischem Holz. Das moderne Design strahlt auf Anhieb Behaglichkeit aus. Einen Fernseher sucht man auf dem Zimmer vergebens. Dafür schweift der Blick durch die große Fensterfront hinaus in die Natur. Und im Spabereich »Carpe diem« relaxt es sich herrlich im In- und Outdoor-Quellwasserpool direkt unter alten Lärchen.

Auch Tagesgäste sind im vigilius mountain resort willkommen. Da lädt die Stube Ida die Wanderer zur Einkehr ein. Abends verkehrt die Seilbahn nach Voranmeldung eigens für Gäste des Gourmetrestaurants 1500.

vigilius mountain resort · Vigiljoch · 39011 Lana · Tel. 04 73/55 66 00 · www.vigilius.it
Restaurant 1500 · tgl. 19–21.30 Uhr

85 Algund – eine Sennerei inmitten von Weinbergen

Eine Sennerei inmitten von Weinbergen und Apfelbäumen? Ja, die gibt's, und zwar in Algund bei Meran. Die Algunder Milchprodukte sind für ihre ausgezeichnete Qualität bekannt und heben sich wohltuend von den vielen industriell erzeugten im Lande ab. In der Käserei garantiert Handarbeit eine schonende Verarbeitung der Milch und die schmackhafte und natürliche Ausprägung des Sortiments. Im hauseigenen Reifekeller haben die Käsesorten Zeit zur vollen Entfaltung ihrer Aromen. Bekannt ist die Sennerei Algund für ihren ausgezeichneten, aromatischen Ziegenkäse, ihren würzigen Graukäse und ihren zarten Wacholderkäse.

Sennerei Algund · Mitterplars 29 · 39022 Algund · Tel. 04 73/55 87 10
Mo–Fr 7.30–12.30 und 15.30–18.30, Sa 7.30–12.30 Uhr · www.sennereialgund.it

86 Forst – das Südtiroler Bier mit Tradition

Gleich nach Algund, auf dem Weg in Richtung Vinschgau, beherrschen zu beiden Straßenseiten die Gebäude der Bierbrauerei Forst das Landschaftsbild. Die »Forst«, wie sie landauf, landab genannt wird, wurde 1857 hier im Algunder Ortsteil Forst gegründet. Inzwischen hat sich der Betrieb zu einer der größten Brauereien Italiens entwickelt. Reinheit und Qualität sind nach wie vor oberstes Gebot aller Forst-Biere. Im neu errichteten Forst-Shop findet der Besucher alle Produkte aus der Welt der Spezialbier-Brauerei. Brauereiführung laden zur Besichtigung, der große Braugarten sowie der Schlosswirt mit der Gourmet-Luisl-Stube und Sternekoch Luis Haller zum Verkosten und Genießen.

Brauerei Forst · Vinschgauerstr. 8 · 39022 Forst/Algund · Tel. 04 73/26 01 11 · tgl. von 10–19 Uhr · www.forst.it · **Braugarten** · Tel. 04 73/44 77 27 · www.braugartenforst.com
Schlosswirt Forst und Luisl-Stube · Tel. 04 73/26 03 50 · www.schlosswirt-forst.it

An die 70 Bergbauern liefern täglich ihre Frischmilch in die Sennerei Algund.
Ein Forst-Bier gehört in Südtirol noch häufig zum Alltag.

St. Prokulus wartet mit dem vollständigsten Zyklus früher Wandmalerei in Tirol auf.
St. Ägidius thront auf dem Schatzknott oberhalb von Kortsch.

87

St. Prokulus in Naturns

Die kleine Kirche am östlichen Ortsrand von Naturns lässt von außen nicht erahnen, welchen Kunstschatz sie in ihrem Inneren verbirgt. Das im siebten Jahrhundert erbaute frühchristliche St.-Prokulus-Kirchlein wartet mit dem vollständigsten Zyklus früher Wandmalerei in Tirol und den ältesten Fresken Westeuropas auf. Die einzigartigen Fresken aus dem vorkarolingischen Zeitalter zählen zu den bedeutendsten Kunstschätzen in Mitteleuropa. Die abgelösten gotischen Fresken aus dem 14. Jahrhundert, die sich über den vorkarolingischen Wandmalereien befanden, werden im angrenzenden Prokulusmuseum ausgestellt.

St. Prokulus · St. Prokulus-Straße · 39025 Naturns · Tel. 04 73/66 73 12 · April–Okt. Di–So 9.30–12 und 14.30–17.30 Uhr, Führungen um 10 und 15 Uhr · www.naturns.it

88

St. Ägidius am Schatzknott

Aus romanischer Zeit stammt das idyllisch gelegene Kirchlein St. Ägidius am Schatzknott oberhalb von Kortsch. Erbaut auf einem markanten, felsigen Abhang auf 825 Metern Höhe, umgeben Buschwald, Kastanienhaine und alte Weinbergterrassen das kleine Kirchlein aus dem 13. Jahrhundert. Die großen Wandfresken an der südlichen Außenmauer zeigen den Heiligen Christophorus und stammen aus dem Jahr 1330. Im Inneren der Kirche, mit flach gedecktem Langhaus und halbrunder Apsis, wurden Fresken aus dem 13. Jahrhundert freigelegt, darunter ein Schöpfungsbild. Der Besuch von St. Ägidius lässt sich wunderbar mit einer Wanderung entlang des Ilswaales von Schlanders verbinden.

St. Ägidius · Sonnenberger Straße · 39028 Kortsch · April–Okt. Fr. von 9–17 Uhr · Anmeldung zu Führungen unter Tel. 04 73/73 01 55 · www.vinschgau.net

89 Auf Ötzis Spuren im ArcheoParc Schnals

Wer wissen möchte, wie Ötzi, der berühmte Mann aus dem Eis, vor 5300 Jahren gelebt hat, für den ist der ArcheoParc im Schnalstal genau die richtige Adresse. Hier können die Besucher selbst »jungsteinzeitlich« aktiv werden: Bogenschießen, töpfern, Leder verarbeiten oder beim Kupferschmelzen zuschauen.

Bereits die ungewöhnliche Architektur des ersten archäologischen Aktivmuseums Südtirols in Unser Frau im Schnalstal auf 1500 Metern Höhe fällt auf: Konstruktion, Form und Material des Niedrigenergiehauses wurden analog zu den jungsteinzeitlichen Hausrekonstruktionen entwickelt. Im rund 4000 Quadratmeter großen Freigelände des Museums stehen drei im Maßstab 1:1 rekonstruierte Modelle jungsteinzeitlicher Hütten. Hier wachsen Bäume, Sträucher und Wildpflanzen, die schon der Gletschermann vorfand. Versuchsfelder sind mit Getreide und Hülsenfrüchten eingesät, die bereits die Menschen der Jungsteinzeit angebaut haben. Ein Fischteich, ein Bogenschießstand sowie Lehmkuppelöfen gehören ebenfalls dazu. Bei interessanten Mitmach-Angeboten können Sie selbst ausprobieren, wie es sich vor fünf Jahrtausenden gelebt hat. Das Aktivitätenprogramm ist im Eintrittspreis inbegriffen und wechselt ständig. Vom Freigelände aus können die Besucher einen Blick auf das Tisenjoch werfen, wo die Gletschermumie Ötzi im Jahr 1991 gefunden wurde.

▶ Einen Besuch lohnt das ehemalige Kartäuser-Kloster, die Kartause Allerengelberg. Auf dem Grundriss der Klosteranlage ist das einzigartige Dorf Karthaus entstanden. www.schnalstal.com

Das Angebot der Erlebniswelt wird von einer Dauerausstellung über Ötzi und seine Zeitgenossen begleitet. Auf drei Ebenen führen Texttafeln, Bilder, originalgetreue Rekonstruktionen der Bekleidung und der Ausrüstungsgegenstände, Filme, Dioramen und eine 3-D-Multivisionsshow in die Welt der Jungsteinzeit und des Mannes aus dem Eis. Die Gletschermumie selbst liegt in einer Kühlzelle im Archäologiemuseum in der Museumsstraße in Bozen. Dort gehen die Angebote für die ganze Familien weiter …

ArcheoParc Schnals · Unser Frau 163 · 39020 Schnals · Tel. 04 73/67 60 20
Ostern–Okt. tgl. von 10–17 Uhr · www.archeoparc.it

Auf den Spuren Ötzi's: Die Fundstelle seines Skeletts

Reinhold Messner am Ziel: auf seinem Juvaler Burghügel

Bauernladen, Burgschenke, Museum und Weingut

90

Der Burghügel von Juval am Eingang des Schnalstales hat etwas Besonderes an sich. Hugo von Montalban hat um 1278 das Schloss auf dem prähistorischen Siedlungsplatz erbaut. 1983 hat es die Bergsteigerlegende Reinhold Messner erworben und in ein Museum und seinen privaten Sommersitz verwandelt.

Seine Real-Utopien hat Reinhold Messner sein ganzes Leben lang verwirklicht: von der Besteigung aller 8000er-Gipfel bis zur Durchquerung von Wüsten und Nordpol. Am Juvaler Burghügel hat er sich »den Erhalt und das Beleben der kleinräumigen Südtiroler Kulturlandschaft in einer Symbiose aus Natur, Kultur und Landwirtschaft mit einem attraktiven Gastronomie- und Freizeitangebot« zum Ziel gesetzt.

Im Schloss selbst hat Messner eines seiner sechs Messner Mountain Museen MMM untergebracht und dem Mythos Berg gewidmet.

Gleich unterhalb vom Schloss eröffnete er den Schlosswirt, eine gemütliche Burgschenke mit bester Südtiroler Küche aus einheimischen Produkten. Das Lokal ist bequem mit dem Juvaler Shuttlebus über die steile und enge Auffahrt zu erreichen. Das Weingut Castel Juval Unterortl wurde mit viel Engagement von der Berliner Winzerfamilie Martin und Gisela Aurich aufgebaut und zählt heute zu den führenden des Landes. Der Riesling, der hier auf den steilen, steinigen Weinbergen wächst, zählt zu den besten Italiens. In der Hofbrennerei werden sortenreine Grappas und verschiedene Obstbrände gebrannt.

Am Fuße des Burghügels unten im Tal hat der Vinschger Bauernladen als Vermarktungs- und Vertriebsplattform für die Bauern der Umgebung seine Tore geöffnet. Ziel der Trägergenossenschaft ist es, »qualitativ hochwertige Produkte von ausgesuchten Produzenten ohne langen Zwischenhandel dem Endkonsumenten anzubieten«. Mittlerweile bieten die 90 Mitglieder, darunter zwölf zertifizierte Biobetriebe, über 800 verschiedene Produkte zum Verkauf an.

Schlosswirt Juval · Juval 2 · 39020 Kastelbell · Tel. 04 73/66 80 56 · www.schlosswirtjuval.it
Weingut Unterortl · Juval 1b · 39020 Kastelbell · Tel. 04 73/66 75 80 · www.unterortl.it
Vinschger Bauernladen · Staatsstr. 78 · 39025 Naturns · Tel. 04 73/66 77 23 · www.bauernladen.it

91

Laaser Marmor – das Weiße Gold aus dem Vinschgau

Das »Weiße Gold« aus Laas, der Laaser Marmor aus den Steinbrüchen von Laas und Göflan, gehört zum wertvollsten seiner Art. Seine Kennzeichen: ein einheitlicher weißer Grundton und seine Frost- und Witterungsbeständigkeit. Bei unzähligen Bau- und Kunstwerken rund um den Erdkreis hat er Verwendung gefunden.

Marmor ist mehr als ein Stein. »Marmor ist eine in Jahrmillionen gewachsene natürliche Schönheit, edel in Farbe und Struktur, jeder Block, jedes Stück ein Unikat.« Die Vinschgauer sind stolz auf ihren Marmor, der in der ganzen Welt verbreitet ist. Zu den bekanntesten Werken aus Laaser Marmor gehören der Monumentalbrunnen der Pallas Athene vor dem Parlamentsgebäude in Wien, das Denkmal der Queen Victoria vor dem Buckingham Palast in London und das Heinrich-Heine-Denkmal in New York. Wer über den Hauptbahnhof von München spaziert, schlendert über Laaser Marmor. Laas selbst ist mit weißen Marmorstücken gepflastert.

▶ Bei klassischen Marmorführungen können Abbau, Verwendung und Mythos rund um den Laaser Marmor hautnah erlebt werden. Tel. 04 73/62 63 42

Seit 150 Jahren wird im Jennwandbruch, dem höchsten Marmorstollen Europas, auf einer Höhe von 1555–2350 Metern, Marmor gebrochen und zu Tal befördert. Mit dem Jahr 1856 beginnt im Göflaner Mitterwandlbruch erstmals der systematische Abbau des weißen Natursteins. Der Laaser Marmor-Pionier Josef Lechner hat als erster Bruchbetreiber 1883 im Weißwasserbruch in industrieller Abbauweise Marmor gewonnen. Die Gewinnung erfolgt heute, wie in der Vergangenheit, in Blöcken. Zum Einsatz kommen dabei modernste Diamantseilsägen, die Blöcke bis zu 20 Tonnen Einzelgewicht zur handelsüblichen Blockgröße aufarbeiten. Die Blöcke werden mit der 1930 erbauten Marmorbahn – einem für damalige Zeiten innovativen technischen Meisterwerk – zur weiteren Verarbeitung ins Tal befördert. In der Fachschule für Steinbearbeitung in Laas erlernen Jugendliche aus dem In- und Ausland das Kunsthandwerk der Bildhauer und Steinmetze.

Laaser Marmorindustrie · Marmorstraße 4 · 39023 Laas · Tel. 04 73/62 66 24 · www.lasamarmo.it
Göflaner Marmor · Staatsstr. 4–6 · 39028 Schlanders · Tel. 34 81 79 35 22 · Mo–Do 8–12 Uhr
www.goeflanermarmor.it

Die höchsten Marmorstollen Europas liegen auf 1555–2350 Metern Höhe.
Jugendliche erlernen das Kunsthandwerk der Bildhauer und Steinmetze.

Die Churburg in Schluderns: ein prächtiges Renaissanceschloss
Großartig präsentiert sich der bemalte Arkadengang mit dem Stammbaum der Grafen von Trapp.

Rüstkammer und Ritterspiele

92

Hoch überm Dorf thront die wehrhafte Burg der ehemaligen Churer Fürstbischöfe. Das prächtige Renaissanceschloss beherbergt die weltweit größte private Rüstkammer. Unten im Tal finden alljährlich die Südtiroler Ritterspiele statt. Ein großes Historienspiel mit Turnieren, Gauklern und Musikern.

Den ältesten Kern der Churburg bilden der bergseits gestellte Bergfried, der südlich davon über rechteckigem Grundriss errichtete Palas und die Ringmauer, die den geräumigen Hof umschließt. Der Name der Burg am Eingang ins Matscher Tal wird 1259 erstmals erwähnt. Heinrich von Montfort, der Fürstbischof von Chur, hat sie um das Jahr 1250 erbauen lassen. Nach dem Tod des letzten Vertreters der Herren von Matsch kam die Burg 1504 in die Hände der heutigen Besitzer, der Grafen von Trapp. Es folgte die Umwandlung der alten Burg zum prächtigen Renaissanceschloss. Großartig präsentieren sich der bemalte Arkadengang mit dem Stammbaum der Grafen von Trapp sowie die Burgkapelle. In der prächtigen Rüstkammer befindet sich die vollständige Ausrüstung für eine komplette Burgbesatzung mit mehr als 50 erhaltenen Rüstungen, Stichwaffen und Schwertern – die ausschließlich von Rittern aus den Geschlechtern der Matscher und der Trapp getragen worden sind. Die Burg wurde nie zerstört und gilt als eine der am besten erhaltenen des Landes.

Jedes Jahr Ende August können die Besucher voll ins Mittelalter eintauchen – bei den Südtiroler Ritterspielen in Schluderns. Das dreitägige Programm in und um Schluderns lässt auch für eingefleischte Mittelalterfans kaum einen Wunsch offen. Ritterturniere und Schlachten, Ringstechen, Streitwagenrennen und Feuerreitshows, Falknerei und Flugvorführungen, Bogenschießen, Kinderritterturniere, Märchenerzähler, historische Umzüge, Konzerte, Nachtspectaculum, ein mittelalterlicher Markt und vieles mehr bieten Unterhaltung und Spannung rund um die Uhr. Im Pilger-Refugium können die Besucher im Heerlager inmitten von Landsknechten und Rittern übernachten.

Schloss Churburg · Churburg 1 · 39020 Schluderns · Tel. 04 73/61 52 41 · nur mit Führung zu besichtigen: März–Okt. Di–So 10–12 und 14–16.30 Uhr · www.churburg.com
Südtiroler Ritterspiele Schluderns · Churburggasse 12 · Tel. 04 73/83 11 90 · www.ritterspiele.it

93 Die erste pestizidfreie Gemeinde Europas

Einen mutigen Schritt zu einer zukünftigen verantwortungsvolleren Agrarpolitik hat die Bevölkerung von Mals im Vinschgau getan. In einer Volksabstimmung stimmte die große Mehrheit der Bevölkerung für das Verbot von chemisch-synthetischen Pflanzengiften – ein Vorbild für die Landwirtschaft in Europa.

Der Apfelanbau ist ein wichtiger Wirtschaftsfaktor in Südtirol. Monokulturen prägen in weiten Teilen das Landschaftsbild. Dementsprechend gehört der Einsatz von Pflanzenschutzmitteln zum Alltag – auch im Vinschgau. Schon seit Jahren regt sich der Widerstand von Kreisen der Bevölkerung gegen das Ausbringen von Pestiziden in unmittelbarer Nähe von Wohngegenden. Das EU-Recht spricht zwar von einem Vorsorgeprinzip im Bereich der Gesundheit, das Bürger auch präventiv schützen soll. Die Realität sieht aber meist anders aus. Viele Bürger sehen ihre Gesundheit und die ihrer Kinder in Gefahr: Der beständig wehende Wind verteile die Pestizide unkontrolliert.

Die Malser Bevölkerung hat nach langjährigem Kampf und vielen Diskussionen im September 2014 mittels Volksabstimmung über ein Verbot von EU-weit zugelassenen chemisch-synthetischen Pestiziden auf dem Gemeindegebiet abgestimmt. Die Wahlbeteiligung lag bei 69 Prozent, die Zustimmung zum Verbot bei 76 Prozent. Als erste Gemeinde Europas hat Mals in diesem Bereich die Weichen für die Zukunft gestellt und einen wesentlichen Beitrag zur nachhaltigen und gesunden Entwicklung von Gemeinde und Region geleistet. Jetzt geht es an die Umsetzung des Beschlusses. Bürgermeister Ulrich Veith steht hinter dem Projekt: »Die ganze Diskussion hat eine neue Sensibilität für Umweltthemen in der Bevölkerung bewirkt. Zudem sind die Leute politisch mündiger geworden und sehen, dass sie gehört werden und dass sie etwas bewirken können.« Den Preis für Zivilcourage hat das Komitee für eine pestizidfreie Gemeinde Mals rund um den Initiator, den Apotheker Johannes Fragner-Unterpertinger, bereits erhalten, ebenso den Europäischen Dorferneuerungspreis.

Tourismusbüro Obervinschgau · St.-Benedikt-Str. 1 · 39024 Mals · Tel. 0473/831190
Juli, Aug. Mo–Sa 8.30–12 und 15–18, Sept.–Juni Mo-Fr 8.30–12 und 15–18, Sa 8.30–12 Uhr
www.ferienregion-obervinschgau.it · www.gemeinde.mals.bz.it

Mals im Vinschgau: ein Vorbild für die Landwirtschaft in Europa
Landschaftliche Idylle im Obervinschgau

94 Mystisch und sagenumwoben: der Tartscher Bühel

Kurz vor Mals, im Vinschgauer Oberland, erhebt sich in der Malser Haide ein kahler, felsiger Rundhügel: der Tartscher Bühel oder Bichl, wie die Tartscher ihren Hügel nennen. Der mystische Platz war schon in vorrömischer Zeit besiedelt und ist historisch und botanisch in jeder Hinsicht bemerkenswert.

Seine abgerundete Form hat der 1077 Meter hohe Glimmerschiefer-Rundbuckel durch Gletschereinwirkung während der letzten Eiszeit erhalten. Die Gletscher haben auch die Flora auf dem Hügel geprägt: Lärchenbewuchs auf der zugänglichen Nordseite, Pflanzen und Sträucher mit steppenartigem Charakter, ähnlich jenem des Vinschgauer Sonnenberges, auf der Südseite.

Der Sage nach befand sich einst eine ausgedehnte heidnische Stadt auf dem Bühel. An der Stelle der heutigen Kirche stand der Tempel dieser untergegangenen Epoche. Aus Grabungsergebnissen kann tatsächlich darauf

Einsam und von Weitem sichtbar: die romanische St.-Veit-Kirche auf dem Tartscher Bühel

geschlossen werden, dass es eine 1,3 Hektar große rätische Siedlung von wenigstens 80 Häusern auf dem Bühel gegeben haben könnte. Neben römischen Münzen, Schalensteinen und Eisenbeilen wurde eine 2500 Jahre alte Hirschhornspitze mit rätischer Runeninschrift sowie Reste eines rätischen Hauses aus dem vierten oder dritten Jahrhundert vor Christus gefunden.

Einsam und von Weitem sichtbar, steht die romanische St.-Veit-Kirche auf der Hügelkuppe. Die von einer Steinmauer eingefriedete Kirche wurde gegen Ende des 11. Jahrhunderts auf Vorgängerbauten als einfaches Langhaus mit abgesetzter Rundapsis und Steinplattendach errichtet. Kunsthistorisch bedeutend sind die nur mehr fragmentarisch erhaltenen romanischen Fresken in der Apsis der Kirche aus der Zeit um 1200. An manchen Stellen der Kirche sind noch sichtbare Brandspuren vorhanden, die aus der Zeit des Engadinerkrieges im Jahr 1499 stammen. Ein Freskenzyklus an der Nordwand stellt das Martyrium des Heiligen Vitus dar. Die zwei Glocken der Kirche stammen der Sage nach aus der verschollenen Stadt. Aus ihren Klängen soll man bei genauem Hinhören die sich wiederholenden Worte »Kimm bold, geah bold; kimm bold, geah bold!« (Komm bald, geh bald!) vernehmen.

Tartscher Bühel · Fraktion Tartsch · 39024 Mals · Tel. 04 73/83 11 90
www.vinschgau.net

Glurns, die kleinste Stadt der südlichen Alpen

Malerische Gassen und Winkel, noble Bürgerhäuser aus dem 16. Jahrhundert und verschlafene Laubengäng

Eine Reise durchs Mittelalter in Glurns

95

Glurns erhielt um 1290 zu Zeiten Meinhards II. von Tirol das Marktrecht. Als Festung und als Handelsplatz spielte das Städtchen im Laufe der Zeit eine wichtige Rolle. Heute ist Glurns die kleinste Stadt der südlichen Alpen, ein Ort voller Überraschungen und voll von kleinen, historischen Kostbarkeiten.

Die historische Kleinstadt liegt auf 907 Metern Höhe, unterhalb des Tartscher Bühels. Die Stadt hat sich im Lauf der Jahrhunderte kaum verändert und bis in unsere Tage ihren mittelalterlichen Charakter und Charme bewahrt. Die alten Stadtmauern mit den drei Stadttürmen und einer ganzen Reihe von Wehrtürmen umschließen die malerischen Gassen und Winkel der Stadt, noble Bürgerhäuser aus dem 16. Jahrhundert und die verschlafenen Laubengänge.

Die Gegend war schon zur Römerzeit besiedelt, lag hier doch ein bedeutender Verkehrsknotenpunkt an der Handelsroute Via Claudia Augusta. In der Calvenschlacht, im Engadiner Krieg von 1499, wurde Glurns fast vollständig zerstört. Auf Befehl von Kaiser Maximilian wurde die Stadt wieder aufgebaut und mit den zehn Meter hohen Ringmauern umgeben.

Bereits 1291 setzte Meinhard II. in Glurns zum 24. August den Bartholomäusmarkt ein. Auf dem zehn Tage dauernden Markt wurde mit Salz aus dem Inntal, mit Wein aus dem Veltlin sowie mit Schafen und Getreide gehandelt. Noch heute findet alljährlich im August der Batholomäusmarkt und im November der weitum bekannte »Sealamorkt« statt.

Die außerhalb der Stadtmauern gelegene gotische Pfarrkirche ist dem Hl. Pankratius geweiht. Der Stadtplatz mit den beiden großen Rosskastanienbäumen ist das Bindeglied zwischen Unter- und Oberstadt und lädt zum Verweilen ein. Im Kirchtorturm wurde 2011 eine Dauerausstellung des berühmten Glurnser Künstlers und Karikaturisten Paul Flora unter dem Motto »Paul Flora – Leben und Werk« eröffnet. Im Torturm wird die Geschichte von Glurns anschaulich dokumentiert und thematisiert.

Glurns Marketing · Rathausplatz 1 · 39020 Glurns · Tel. 04 73/83 12 88 · www.glurns.eu
Tourismusbüro Glurns · Schludernser Torturm · 39020 Glurns · Tel. 04 73/83 10 97
April–Okt. Mo–Fr 9–12.30 und 15–18, Sa 9–12.30 Uhr · www.ferienregion-obervinschgau.it

96 Die Vinschger Pala-Birne: knorrig und aromatisch

Die Palabir-Bäume sind im Obervinschgau Teil der Volksseele. Nicht umsonst kämpfen die Vinschger rund um Glurns, der kleinsten Stadt Südtirols, für die Rettung der vom Aussterben bedrohten Symbole: mit Palabira-Tagen und neuen Rezepten.

Die Pala-Birne (Palabir) wächst auf auffallend großen, knorrigen Bäumen, die als markante Zeugen in der Landschaft rund um die Stadtmauern von Glurns und in Schluderns stehen. Sie fand vermutlich im 17. Jahrhundert über Vorderasien im Obervinschgau ihre Verbreitung. Im vergangenen Jahrhundert geriet die Palabir jedoch in Vergessenheit. Heute findet man einige alte und zunehmend auch neue Bestände der Birnensorte noch zwischen Mals, Glurns, Schluderns und Naturns.

Die Palabir hat eine raue, ledrige Schale und ein grobkörniges Fruchtfleisch. Wenn sie reif ist, überzeugt sie mit intensiven Aromen und Noten von Karamell und Zimt. Dank des hohen Ballaststoffgehalts und der geringen Säure wurden der Palabir sogar heilende Wirkungen nachgesagt – daher auch ihr früherer Beiname »Sommerapothekerbirne«. Die Palabir eignet sich besonders zum Dörren – als Palabiraschnitz oder Kloazn. Aber auch sonst fand die Birne vielseitigen Einsatz in der Bauernküche: zum Backen beim traditionellen Weihnachtszelten, als Suppeneinlage oder geröstet als Kaffeeersatz. In letzter Zeit hat man die Vorzüge der Palabir neu entdeckt. Sie hat sogar Einzug in die Sterneküche gehalten: Gersterisotto mit Palabir und Frischkäse, frittierte Palabir auf Wildgeschnetzeltem oder Palabir-Scheiterhaufen mit Vanillesoße gefällig? Eine besondere Spezialität ist das Palabirabrot, für das getrocknete Palabiraschnitzen in den Brotteig gemischt werden.

Ganz der Palabir widmet sich zum Herbstbeginn ein einwöchiges Fest in Glurns: die Palabira-Tage. Ausstellungen, Lesungen und Musik, geführte Wanderungen, Schaukochen von Palarbira-Gerichten und ein Bauernmarkt mit Palabira-Marmelade, -Brand und -Gebäck stehen auf dem Programm. Und die Restaurants im Ort servieren Gerichte aus Uromas Rezeptbuch.

Tälerhof / Palabirnenprodukte · Wiesenweg 4 · 39020 Schluderns · Tel. 34 85 54 10 51
www.taelerhof.com

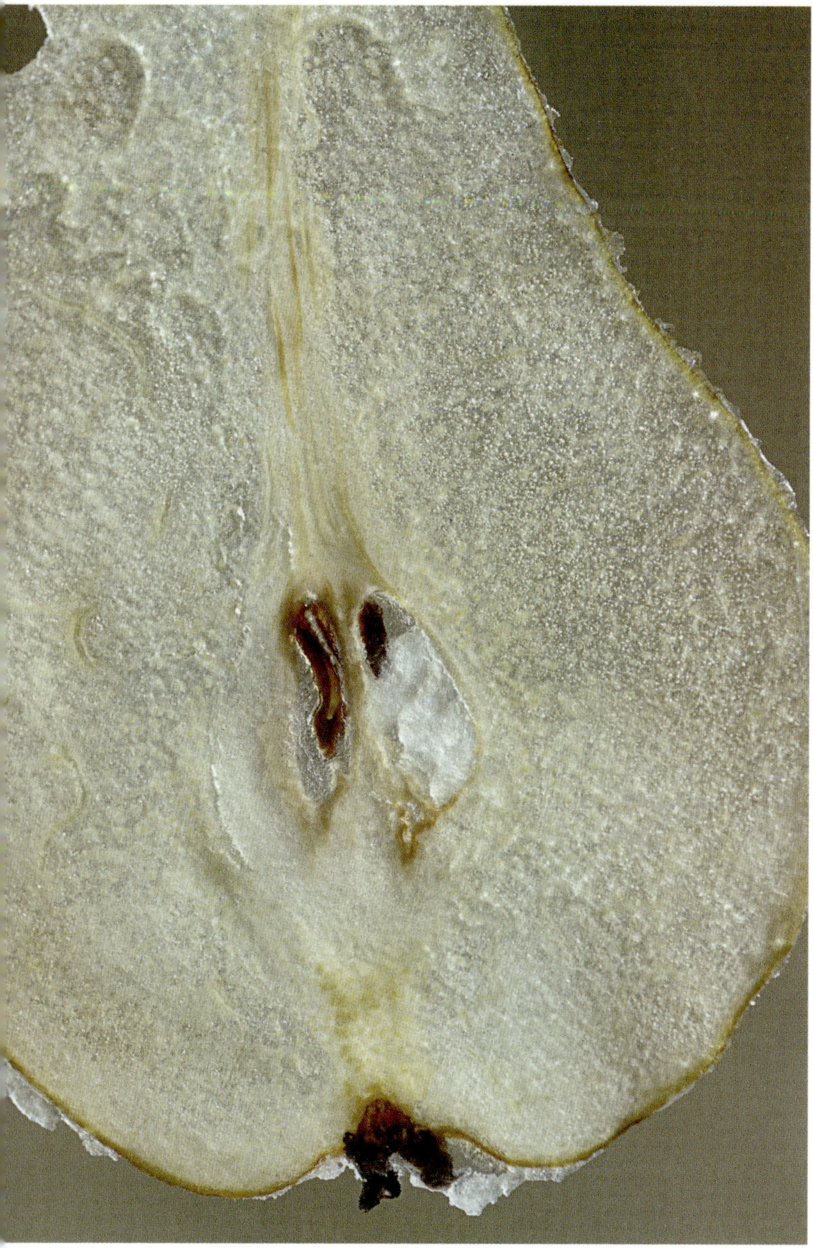

Die Palabir eignet sich besonders zum Dörren – als Palabiraschnitz oder Kloazn.

97

Puni – Italiens erste Whisky-Brennerei

Die erste und einzige Whisky-Brennerei Italiens steht seit dem Jahr 2012 in Glurns. Architekt Werner Tscholl entwarf das Gebäude mit dem 13 Meter hohen Betonziegel-Kubus, in dem Albrecht Ebensperger und Sohn Jonas seither echten Single Malt nach traditioneller schottischer Methode herstellen.

Schottischer Whisky zählt schon seit Jahren zu den größten Hobbys der Unternehmerfamilie Ebensperger. Ihre Destillerie mit den ziegelroten Schachbrettmauern haben sie nach dem gleichnamigen Fluss Puni im nahe gelegenen Planeiltal benannt. Die Rohstoffe für die Herstellung der hochprozentigen Tropfen kommen direkt aus der Gegend: reines, kristallklares Vinschger Gletscherwasser und Vinschger Getreide.

Im Februar 2012 wurden die ersten Brennversuche an der Originalanlage der computergesteuerten Brennanlage im Keller des Kubus gestartet. Im

Albrecht und Jonas Ebensperger – Italiens erste Whisky-Brenner

Herzen der Brennerei stehen die Maischebottiche, eine 100 Jahre alte Boby-Kornmühle sowie zwei kupferne Brennblasen, die nach den Vorgaben des Brennmeisters eigens für die Puni Destillerie von der schottischen Kupferschmiede Forsyths angefertigt worden sind. Gebrannt wird der Whisky aus einer Mischung aus Roggen, Weizen und Gerste – ein echter Triple Malt. Der Destillationsvorgang ist besonders schonend, da hier nicht mit Dampf, sondern mit heißem, unter Druck stehendem Wasser gebrannt wird. Gelagert werden die Destillate in ausgedienten Militärbunkern aus dem Zweiten Weltkrieg. Bis zu 1000 Barriquefässer – vorwiegend Marsalafässer aus Sizilien, Bourbonfässer aus den USA und Weinfässer aus Südtirol – sollen hier für die gesetzlich vorgeschriebene Lagerzeit von drei Jahren reifen und abgefüllt werden. 2015 kam der erste echte Puni-Single-Malt-Whisky auf den Markt. »Puni Alba batch First Edition ist keine bloße Kopie des schottischen Originals, sondern überzeugender Ausdruck des Südtiroler Terroirs«, wie die Vinschgauer Whiskybrenner betonen.

▶ In der Bäckerei Schuster, gibt es das traditionelle Ur-Paarl, die älteste Variante des Vinschger Paarlbrotes. Laatsch 139, 39024 Mals, Tel. 04 73/83 13 40, www.schuster.it

Puni Destillerie · Am Mühlbach 2 · 39020 Glurns · Tel. 04 73/83 55 00
Führungen: Mi 15 und Fr 10 Uhr, Anmeldung erforderlich · www.puni.com

Kreuzähnliche und mit Stroh umwickelte Stangen werden am »Scheibenschlogsunnti« entzündet …
… glühende Scheiben werden ins Tal hinuntergeschleudert.

Glühende Scheiben fliegen in die Nacht

98

Erde und Wasser, Feuer und Luft – die vier Elemente spielen in vielen Bräuchen eine große Rolle. Ein alter Brauch, der im Vinschgau von Schlanders bis nach Mals noch heute lebendig ist und unter großer Anteilnahme der Bevölkerung gepflegt wird, ist das Scheibenschlagen an alten Kultplätzen.

Der »Scheibnschlogsunnti« ist der erste Fastensonntag, im Obervinschgau auch als Funken- oder Kassonntag bekannt. Die jungen Männer bereiten sich schon Tage vorher auf den alten Brauch zum Abschluss der Faschingszeit vor. Die Scheiben müssen hergerichtet werden: runde oder viereckige, etwa zwei Zentimeter dicke Holzstücke aus Birke oder Zirbe mit 15 bis 25 Zentimetern Durchmesser und einem Loch in der Mitte.

Am ersten Fastensonntag wird Brennholz an exponierten Stellen aufgeschichtet. Darauf werden hohe, kreuzähnliche und mit Stroh umwickelte Stangen aufgestellt, die sogenannten »Larmstangen«, »Kasfängga« oder »Hex«. Nach Sonnenuntergang werden die Feuer entzündet. Die Dämonen der Finsternis und Kälte müssen vertrieben werden, damit der Frühling Einzug ins Tal halten kann und Unheil abgewendet wird. Dann kommen die Scheiben zum Einsatz: Die Scheibenschläger stecken sie auf lange, biegsame Ruten aus Haselnussholz und halten sie so lange ins Feuer, bis sie sich entzünden. Die Männer sagen dabei althergebrachte Sprüche auf, in denen sie um Glück für eine bestimmte Person, um eine gute Ernte und Fruchtbarkeit bitten. Daraufhin werden die Scheiben auf den Ruten so lange umhergeschwungen, bis sie vollends zu glühen beginnen. Unter weiteren Reimen – etwa »Reim, Reim, wem soll dia Scheib' sein?« oder »Kas in der Tosch, Wein in der Flosch, Korn in der Wonn, Schmolz in der Pfonn, Pfluag in der Eard, Schaug wia main Scheibele ausigeat« – werden die glühenden Scheiben ins Tal hinuntergeschleudert. Je schöner und je weiter sie fliegen, umso mehr Glück bringen sie dem, der die Scheibe geschlagen hat. Mit viel Lärm und Geschrei wird zum Abschluss die »Larmstange« oder »Hex« angezündet.

Vinschgau Marketing · Laubengasse 11 · 39020 Glurns · Tel. 04 73/62 04 80
Mo–Fr 8–12.30 und 14–18 Uhr · www.vinschgau.net

99 Die höchstgelegene Benediktinerabtei Europas

Das Kloster Marienberg, die höchstgelegene Benediktinerabtei Europas, liegt weithin sichtbar auf 1340 Metern über dem Dorf Burgeis im Oberen Vinschgau. Seit über 800 Jahren leben hier Mönche nach der Regel des Hl. Benedikt. Ein wichtiger religiöser, kultureller und wirtschaftlicher Bezugspunkt.

Das Kloster ist eine Gründung der Edlen von Tarasp aus dem Schweizer Engadin und wurde im 12. Jahrhundert erbaut. Beeindruckendes Zeugnis aus jener Zeit ist das unverändert erhaltene, steingerahmte romanische Rundbogenportal, durch das man die Klosterkirche betritt. Die Kirche hatte bereits einen Vorgängerbau. Bei Ausgrabungen kamen Gräber zum Vorschein, in denen sich langobardischer Schmuck befand. Ihr heutiges barockes Aussehen erhielt die Klosterkirche in der Zeit zwischen 1643 und 1648. Sie ist die einzige dreischiffige Pfeilerbasilika des Vinschgaus. Wertvoll sind die um 1400 entstandene Steinplastik »Maria mit Kind«, das Außenfresko neben dem Eingangsportal und die Fresken und Stuckaturen im Stil der Wessobrunner Schule im Inneren.

Kunsthistorisch einmalig ist die 1160 vom Churer Bischof geweihte Krypta mit ihren romanischen Fresken mit byzantinischem Einfluss. Unter den einzigartigen Engelsdarstellungen beteten bereits die ersten Mönche ihr Chorgebet. Die Fresken sind eines der größten Zeugnisse romanischen Kunstschaffens im Alpenraum und bestechen durch ihren spirituellen Ausdruck.

Kloster Marienberg war über die Jahrhunderte hinweg geistiges und kulturelles Zentrum des Oberen Vinschgau. Im Mittelalter haben die Mönche die Landwirtschaft revolutioniert. Im Kloster wurde das erste Vinschger Paarlbrot, das Vinschger Urpaarl, gebacken. Und in der historischen Bibliothek befinden sich wertvolle Schriften, darunter die Chronik des Mönches Goswin mit der Geschichte des Stiftes und des Landes Tirol bis zum Jahr 1390. Seit 2007 befindet sich im Erdgeschoss des Klosters ein Museum.

Benediktinerstift Marienberg · Schlinig 1 · 39024 Mals · Tel. 04 73/83 13 06 (Kloster)
Tel. 04 73/83 49 80 (Museum) · Museum: März–Okt. · Mo–Sa 10–17 Uhr · www.marienberg.it

Das Kloster Marienberg oberhalb von Burgeis ist eines der Wahrzeichen des Oberen Vinschgau.
ınsthistorisch einmalig: die 1160 geweihte Krypta mit ihren romanischen Fresken mit byzantinischem Einfluss

Register

Essen und Trinken

Einkaufen

Freizeit und Familie

Natur

Kunst und Kultur

Entspannung

Überraschendes

Impressum

Verantwortlich: Ulrich Jahn, Alina Gillen
Satz/Layout: graphitecture book & edtion
Lektorat: Dorothée Engel, Anne Köhler
Korrektur: Anke Höhne
Repro: Repro Ludwig Prepress
Umschlaggestaltung: Frank Duffek
Herstellung: Miriam Tönnes, Alexander Knoll
Printed in Italy by Printer Trento

★★★★★

Sind Sie mit diesem Titel zufrieden? Dann würden wir uns über Ihre Weiterempfehlung freuen.
Erzählen Sie es im Freundeskreis, berichten Sie Ihrem Buchhändler, oder bewerten Sie bei Onlinekauf.
Und wenn Sie Kritik, Korrekturen Aktualisierungen haben, freuen wir uns über Ihre Nachricht an Bruckmann Verlag, Postfach 40 02 09, D-80702 München oder per E-Mail an lektorat@verlagshaus.de.

Unser komplettes Programm finden Sie unter www.bruckmann.de

Alle Angaben dieses Werkes wurden vom Autor sorgfältig recherchiert und auf den aktuellen Stand gebracht sowie vom Verlag geprüft. Für die Richtigkeit der Angaben kann jedoch keine Haftung übernommen werden.

Bildnachweis: Alle Bilder im Innenteil stammen von Udo Bernhart, außer: Embawo: S.16; Lukas Harpf: S. 18 o.; Pharmaziemuseum Brixen: S. 20; Tourismusverein Vilanders; S. 27 u.; Sellraonda Bike Day: S. 32 o.; Alex Filz: S. 45 o.; Martin Schönegger: S. 46 o.; Georg Taschler: S. 58; Armin Huber für Markus Holzer: S. 64; Mountain Resort Patzenfeld/Armin Bodner: S. 67; Tiberio Sorvillo: S. 84; Karin Micheli: S. 87; Harald Wisthaler für Tourismusverein Sarntal: S. 99, Othmar Seehauser: S. 100 u.; Herbert Taschler: S. 103; Martin Schweiggl: S. 106/107; Helmuth Rier für Tourismusverein Kaltern: S. 109 u./112 o.; Egetmann Verein Tramin: S. 121; fotogufler.com: S. 125 u.; Georg Mayr für Naturbad Gargazon: S. 138; Frieder Blickle für Meranmarketing: S. 142 o.; Frauenmuseum Meran: S. 146

Umschlagvorderseite: Kirchenturm im Reschensee (markusgann/shutterstock), Weinglas (Yuriy Seleznev/Shutterstock)

Die Deutsche Nationalbibliothek verzeichnet diese Publikation in der Deutschen Nationalbibliografie; detaillierte bibliografische Daten sind im Internet über http://dnb.d-nb.de abrufbar.

2. aktualisierte Auflage

ISBN 978-3-7343-0701-0